NOBERT 1983

L'HOMME ROUGE

PAR

ERNEST CAPENDU

auteur de

Marcof le Malouin, Mademoiselle la Ruine, le Pré Catelan, etc., etc.

III

PARIS
DE POTTER, LIBRAIRE-ÉDITEUR
FONTAINE MOLIÈRE, 27

L'HOMME ROUGE

Avis aux personnes qui veulent monter un Cabinet de Lecture.

BIBLIOTHÈQUE

DES

MEILLEURS ROMANS MODERNES

2,100 vol. environ, format in-8°. — Prix : 2,500 fr.

Cette collection contient les NOUVEAUTÉS de nos auteurs les plus en vogue publiées jusqu'à ce jour par la maison, lesquelles sont accompagnées d'affiches à gravure et autres.

Les Libraires qui feront cette acquisition recevront GRATIS *cent exemplaires du Catalogue* complet et détaillé *avec une couverture imprimée à leur nom* pour être distribués à leurs abonnés.

La Maison traite de gré à gré pour un nombre moins considérable de volumes à des conditions très-avantageuses.

Le prix de chaque ouvrage, pris séparément, est de *cinq francs* net le volume.

Grandes facilités de payement moyennant les renseignements d'usage. Le Catalogue se distribue gratis aux personnes qui en feront la demande par lettres affranchies.

Paris. — Impr. de P.-A. Bourdier et Cⁱᵉ, rue Mazarine, 30

L'HOMME ROUGE

PAR

ERNEST CAPENDU

auteur de

Marcof le Malouin, Mademoiselle la Ruine, le Pré Catelan, etc., etc.

III

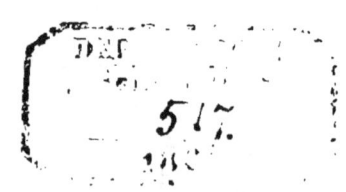

PARIS

L. DE POTTER, LIBRAIRE-ÉDITEUR

RUE FONTAINE MOLIÈRE, 27.

Droits de traduction et de reproduction réservés.

LES
MARIONNETTES DU DIABLE

PAR

XAVIER DE MONTÉPIN.

Annoncer un nouveau roman de l'auteur des *Viveurs de Paris*, des *Viveurs de Province*, et de la *Maison Rose*, c'est annoncer un nouveau succès. — L'immense popularité du jeune et brillant écrivain grandit chaque jour et son nom prend place désormais à côté de ceux de Balzac, de Soulié, de Sand et de Dumas.

Les *Marionnettes du Diable*, nous le croyons fermement, dépasseront la vogue méritée de tous les autres livres du même auteur. — Jamais en effet l'imagination puissante et dramatique qui a créé tant de types étranges et de situations émouvantes, n'a plus solidement tissu la trame vigoureuse d'un roman saisissant, passionné, bizarre, où des aventures d'une incroyable originalité se succèdent et s'enchaînent de façon à tenir le lecteur haletant de curiosité et d'émotion depuis la première page jusqu'à la dernière. — L'intérêt, poussé jusqu'à ses plus extrêmes limites, ne languit pas un instant, et, par un heureux mélange, le rire se mêle aux larmes et la gaîté à la terreur.

Malgré son titre, le roman les *Marionnettes du Diable*, n'est pas fantastique. — Le prologue seul se passe dans le royaume de Satan. — Les marionnettes sont des hommes, et les ficelles à l'aide desquelles le Diable les fait mouvoir à sa guise, on le devine, ce sont les passions. — Avec une telle donnée le romancier devait faire un chef-d'œuvre. — Les lecteurs jugeront bien qu'il n'a point failli à cette tâche.

LES ÉMIGRANTS

PAR

ELIE BERTHET.

Parmi les romanciers les plus estimés de notre époque, M. Elie Berthet a su conquérir une place à part. Ses ouvrages, pleins de naturel, de vérité, de bon sens, paraissent être plutôt des histoires que des romans. Il ne donne pas dans le travers de certains autres écrivains en vogue, qui, à force de complications, d'événements bizarres et impossibles, arrivent à produire des œuvres aussi obscures, aussi peu intelligibles que déraisonnables. Sa manière est celle du grand romancier anglais Walter Scott, auquel on l'a comparé plusieurs fois; et, comme Walter Scott, tous ses ouvrages sont frappés au coin d'une moralité rigoureuse. Sans écarter les passions violentes, les fautes, les crimes qui existent dans la société humaine, et qui sont un des éléments de l'intérêt dramatique, il ne manque jamais de les blâmer et de les flétrir. Aussi l'appelle-t-on le *romancier des familles*, et, en effet, tout le monde peut lire ses ouvrages, sans crainte de se souiller l'imagination, d'altérer son sens moral ou de s'endurcir le cœur.

Ces qualités de M. Elie Berthet sont surtout apparentes dans le beau roman *les Émigrants*, que nous publions aujourd'hui. L'histoire est si simple, si vraie, si touchante, qu'elle semble réelle, et l'on croirait que le romancier a reçu les confidences de quelques-unes de ces pauvres familles qui abandonnent leur sol natal pour aller chercher au loin une vie plus douce et plus prospère. Les causes ordinaires de l'émigration, les fatigues et les dangers auxquels s'exposent les émigrants, leurs illusions naïves, leurs mécomptes, et souvent les catastrophes auxquelles ils succombent, sont exposés avec une grande puissance et avec le plus vif intérêt. Aussi ne doutons-nous pas que le nouvel ouvrage de l'auteur des *Catacombes de Paris*, des *Chauffeurs*, du *Garde-Chasse* et de tant d'autres romans qui ont mérité la faveur du public, n'obtienne en librairie un immense succès.

CHAPITRE PREMIER.

I

La confession générale.

Les carabines s'étaient abaissées, et un sillon de feu courut dans la nuit sur toute la longueur du rang formé par les soldats.

Un même cri, cri terrible, déchirant, un hurlement de douleur et de rage poussé à la fois par cinq cents bouches humaines, répondit à la détonation et précéda un lugubre silence.

La fumée, en se dissipant, laissa voir un monceau de cadavres au milieu desquels s'agitaient çà et là quelques membres convulsifs.

Trois Christinos avaient seuls échappé à la terrible décharge.

Debout et derrière un rempart de

morts et d'agonisants, ils semblaient pétrifiés par l'effroi et n'avoir pas conscience de leur situation.

La lune, s'élevant tout à coup au-dessus d'un pic aride, qui la dérobait l'instant auparavant aux regards, éclaira de ses rayons blafards ce désolant spectacle.

« Maladroits! fit Reyna en s'adressant à ses soldats, vous ne les avez pas tués tous. Allons, finissons vivement; achevez-moi ces brigands, et en route. »

Quelques Carlistes rechargèrent leurs armes. Les trois patients ne bougèrent pas.

Fernando, impassible, contemplait d'un œil sombre ce théâtre de carnage.

Mochuelo, appuyé négligemment sur le canon de sa longue carabine, sifflotait toujours son interminable boléro.

On entendait au loin le cri sinistre des oiseaux de nuit, effrayés par la détonation qui avait ébranlé les montagnes, et une troupe de vautours, flairant la curée, décrivait en voltigeant des cercles concentrés au-dessus des cadavres.

Deux nouveaux coups de feu retentirent; deux des prisonniers restants tombèrent sur les corps sanglants de leurs compagnons.

Alors le dernier survivant, impatient, sans doute, d'en finir avec cette mort qui paraissait ne pas vouloir de lui, bondit par-dessus les cadavres et vint se placer en face des soldats carlistes.

« Tuez-moi donc! cria-t-il d'une voix rauque, ou donnez-moi une arme que je me tue moi-même!

—Pauvre diable! murmura Mochuelo, vis à vis duquel il se trouvait, j'ai vraiment pitié de lui. »

Et, entendant la commisération à sa manière, le soldat mendiant épaula sa carabine.

Mais le mouvement qu'avait exécuté

le prisonnier le plaçait alors à deux pas de Fernando, et les rayons de la lune, tombant d'aplomb sur lui, éclairaient son visage.

Les yeux de l'étudiant rencontrèrent cette physionomie pâle et contractée.

« Andrès ! » s'écria-t-il en relevant vivement le canon de la carabine de Mochuelo.

Il était temps...

Le coup partait, et la balle rasa la

chevelure du prisonnier. Fernando venait de lui sauver la vie.

Cet acte excita aussitôt les murmures des Carlistes, car il était en dehors des usages établis, personne ne pouvant faire grâce à un ennemi.

Fernando avait sauté à terre. Sans se préoccuper des signes improbateurs de ses compagnons, il courut au soldat royal, et, lui saisissant les mains :

« Ne me reconnais-tu pas ? dit-il. Je

suis Fernando Urdova, ton camarade d'enfance.

— Fernando! répéta Andrès avec étonnement; Fernando Urdova, l'étudiant de Salamanque!

— Lui-même.

— Allons, finissons! interrompit la voix rude de Reyna.

— Cet homme est mon ami! répondit Fernando.

— Eh bien! tue-le toi-même, alors.

— Je veux qu'il vive!

— Impossible.

— Je réponds de lui.

— Au diable! il doit mourir. »

Et le brutal commandant saisit un pistolet passé dans sa ceinture.

L'œil de Fernando flamboya. Arrachant lui-même un pistolet des fontes de sa selle, il se jeta devant le prisonnier menacé :

« Coup pour coup! » dit-il en menaçant Reyna.

Celui-ci recula en lançant un énergique juron.

« Traître! s'écria-t-il, tu veux donc protéger les Christinos?

— Je ne suis pas un traître, répondit Fernando d'une voix ferme, et personne ne le croit, mais je veux que cet homme vive, et il vivra!

— Il faut que j'exécute mes ordres.

— Eh bien! je t'ordonne d'épargner ce soldat.

— Ai-je donc à t'obéir? fit Reyna avec

un geste de dédain. Qui es-tu pour commander?

— Je suis l'aide de camp du général ! J'agis en son nom.....

— Et moi aussi j'agis au sien. Allons, laisse cet homme, et va-t'en si tu ne veux pas le voir mourir.

— Encore une fois, je ne m'en irai pas et cet homme ne mourra pas!

— Soldats! s'écria le féroce commandant en se retournant vers ses hommes, tuez le prisonnier!

— Soldats! fit l'étudiant, vous me connaissez tous : je suis l'aide de camp de votre général ; je représente ici votre chef. Moi seul dois vous donner des ordres : je vous défends de toucher au prisonnier! »

Les Carlistes, incertains, hésitèrent.

Reyna, furieux de cette résistance à sa volonté, écumait de rage. Fernando s'avança vers lui :

« Faites former les rangs, dit-il d'une voix brève, et remettez-vous en marche.

Je garde avec moi le prisonnier, et j'en répondrai corps pour corps devant le général en chef.

— Non! répondit Reyna, cet homme m'a été confié, et je ne laisserai ici que son cadavre. »

Fernando devint horriblement pâle.

« Je te demande la grâce de cet homme! dit-il en faisant un effort violent pour se contenir.

— Je te la refuse! répondit Reyna. Pas de grâce, pas de quartier! Les Christinos épargnent-ils les nôtres? Pourquoi les épargnerions-nous?

— Oui! oui! crièrent quelques soldats. A mort le prisonnier!

— Cet homme est mon ami, je le répète! dit Fernando en couvrant Andrès de son corps.

— Un Carliste n'est pas l'ami d'un Christino! hurla Reyna. A mort!

— A mort! à mort! » répétèrent les soldats.

Et Reyna, voulant écarter Fernando,

fit un effort pour s'emparer d'Andrès.

Les soldats entouraient les trois hommes, et dix canons de fusil s'abaissaient dans la direction du prisonnier.

« Sang du Christ! s'écria Fernando en repoussant avec violence ceux qui menaçaient son ami. Bas les armes! Je représente ici Zumala-Carregui! »

Le nom si connu et si respecté du général fit reculer les plus ardents.

« Commandant Reyna! continua Fernando avec force, fais former les rangs ! »

Mais Reyna n'était pas homme à abandonner ainsi une proie qu'il considérait comme la sienne. Il avait dit d'ailleurs que le prisonnier devait mourir, et reculer devant sa parole en présence des soldats qu'il commandait était chose impossible pour le farouche partisan.

« Je ferai former les rangs quand l'heure sera venue, répondit-il ; mais j'ai dit que cet homme devait mourir, et il mourra ! »

Et, sautant de côté avec un geste plus prompt que la pensée, il repoussa Fernando et abaissa rapidement son pistolet dans la direction d'Andrès.

Mais il n'eut pas le temps de faire feu : une détonation retentit, et Reyna tomba foudroyé la face contre terre.

Fernando, dont la colère atteignait son paroxysme, venait de lui fracasser e crâne.

Un cri d'indignation jaillit de toutes les poitrines.

« Je représente ici Zumala-Carregui ! s'écria l'aide de camp d'une voix tonnante. J'agis en son nom. Quiconque refuse de m'obéir désobéit au général lui-même, et vous connaissez les lois qui nous régissent. Meurent les traîtres et les rebelles ! Que cette mort vous serve d'exemple ! Soldats, à vos rangs ! »

Mais la voix de Fernando, qui d'abord avait couvert les cris de la foule, fut étouffée sous un concert effroyable d'imprécations, de vociférations et de hurlements de vengeance.

« A mort! à mort! » criait-on de toutes parts.

Et les soldats, brandissant leurs armes, firent un même mouvement pour se jeter sur le jeune homme; mais celui-ci, les dominant encore du regard, s'avança vers eux.

Puis, prenant le second pistolet et

levant lentement son arme avec un geste menaçant :

« S'il y en a encore un parmi vous qui ne sache pas obéir, dit-il froidement, qu'il s'avance, sa punition est prête! »

Les Carlistes, dominés par le sang-froid du jeune officier, reculèrent ; mais quelques-uns d'entre eux, qui passaient pour les séides de Reyna, firent craquer les batteries de leurs carabines.

CHAPITRE DEUXIÈME.

II

II

Andrès.

La situation de l'étudiant était critique.

Les soldats de Reyna étaient presque tous dévoués à leur chef; la discipline, ainsi qu'on l'a vu, était loin d'être solidement établie dans l'armée du prétendant, et l'habitude de ne faire ni quartier ni merci rendait les hommes froidement sanguinaires.

Puis presque tous servaient de leur plein gré et ne reconnaissaient d'autre maître que leur propre volonté.

Le meurtre accompli par Fernando, bien qu'il eût pour lui le bon droit et les lois de la guerre (car Zumala-Carregui avait investi ses aides de camp favoris d'une sorte de commandement suprême alors qu'ils représentaient leur chef), ce meurtre pouvait entraîner la mort immédiate de celui qui l'avait commis.

Quelques carabines, abaissées déjà dans la direction de l'étudiant, allaient venger la mort de Reyna, lorsque Mochuelo, bondissant comme un jaguar, se plaça devant l'aide de camp et le couvrit de sa poitrine par un mouvement semblable à celui qu'avait exécuté tout à l'heure Fernando pour défendre le prisonnier qu'il voulait sauver.

Le soldat mendiant exerçait une grande influence parmi ses camarades de l'armée carliste.

Mochuelo possédait à souhait toutes les qualités qui plaisent aux masses et les dominent.

Sa constitution physique, ainsi que celle des grands lévriers danois que l'on emploie pour *coiffer* le sanglier, était un composé de nerfs, d'os et de chair, encore la partie nerveuse et musculaire dominait-elle de beaucoup.

Alerte, adroit, infatigable, personne ne pouvait lutter avec lui quand il s'agissait de courses, de ruses ou d'escalade.

Habile tireur, il défiait les chasseurs les plus renommés.

Sa force prodigieuse se plaisait à accomplir en présence de tous les actions réputées les plus impossibles.

Jovial, gai, sans conscience et sans principes, il plaisantait sans cesse, en tous lieux et en toutes circonstances ; et, s'il était capable d'un sentiment généreux, ce n'était que d'un dévouement brutal.

Ce dévouement, heureusement, l'aide de camp de Zumala-Carregui le possédait entièrement.

Dans deux combats différents, Mochuelo n'avait dû la vie qu'à Fernando, qui, deux fois, avait été blessé pour arracher le soldat mendiant à un trépas imminent.

Mochuelo, reconnaissant envers l'étudiant comme le chien envers son maître, s'était, à partir de ces deux événements, voué corps et âme à son sauveur.

Plus d'une fois même sa conscience lui avait reproché de s'être fait l'agent principal de la mort de don Antonio Urdova, le père du jeune homme; plus d'une fois, obéissant au premier élan d'un remords généreux, il avait été sur le point de confesser sa faute et d'en demander l'absolution ; mais une sage réflexion l'avait toujours retenu à temps, et Fernando ignorait encore la part qu'avait eue son dévoué suivant au malheur qui torturait son âme.

Mais de ce silence nécessaire était résulté une recrudescence d'amitié du Coscon pour l'aide de camp.

Aussi, en présence du danger que courait celui qu'il se plaisait à nommer son maître, Mochuelo n'avait-il pas hésité un instant à payer de sa personne.

« Por dios! s'écria-t-il en brandissant sa carabine, avant de tuer mon officier, vous me passerez sur le corps. Ah çà ! vous avez donc bien grande envie, vous autres, de goûter de la potence! Croyez-vous que le général ne vengera pas son aide de camp? Caramba! si vous tirez, visez juste, car je ne manquerai pas celui qui me manquera! Demonios! où est-il le lâche qui veuille tuer Mochuelo? »

Devant l'intrépide soldat, les carlistes reculèrent encore.

Fernando profita habilement de cette hésitation nouvelle.

« Lieutenant Fabian, dit-il en s'adressant à un jeune officier qui était demeuré neutre durant la scène précédente, prenez le commandement du bataillon. Faites former les rangs et hâtez-vous de rejoindre le gros de l'armée. »

Puis, voulant sans doute donner un semblant de satisfaction aux soldats, il prit les sangles d'un cheval mort, et, les donnant à Mochuelo :

« Garrotte le prisonnier! » lui dit-il.

Le soldat mendiant obéit et lia solidement Andrès, qui n'opposa aucune résistance.

Le prisonnier fut ensuite attaché sur la croupe du cheval basque, dans une position qui n'offrait rien de bien confortable, car sa tête et ses jambes ballottaient sur les flancs de l'animal, et Fernando sauta en selle.

« Je pardonne à ceux qui ont osé lever leurs armes sur moi, dit l'aide de camp en s'adressant aux soldats qui se formaient suivant les ordres du lieutenant ; mais qu'ils prennent garde ! Je les connais tous ! A la moindre infraction à la discipline, je les ferai fusiller sans rémission. »

Et sur cette allocution sévère, il rendit la main à son coursier, qui, en dépit du double poids qu'il portait, se lança à fond de train dans un sentier rocheux, tandis que le bataillon silencieux s'apprêtait à se remettre en marche, abandonnant le corps inanimé de Reyna au milieu des cadavres de ceux que le commandant avait fait impitoyablement masacrer.

Mochuelo avait repris sa position à la suite de l'étudiant et paraissait de nouveau voltiger à califourchon sur la queue du petit cheval basque.

En quelques secondes, Fernando, Andrès et leur compagon se trouvèrent dans un défilé solitaire sur lequel s'ouvraient deux sentiers courant dans la montagne, mais en sens opposé chacun, de sorte que leur rencontre au même point formait une sorte de petit carrefour.

La nuit était une de ces admirables nuits espagnoles si dignes d'être chantées par les poëtes : les étoiles miroitant au ciel jetaient sur le terre une lueur argentée semblable à celles que projettent les diamants.

Du point où était Fernando (le petit cheval basque venait alors d'atteindre le carrefour) on dominait le paysage à droite, à gauche et devant soi. Derrière s'élevait à pic la montagne.

CHAPITRE TROISIÈME.

III

Andrès (suite).

— L'aide de camp de Zumala-Carregui interrogea d'un regard rapide et sûr le sentier sur lequel il était encore et les deux autres qui se présentaient à lui, puis très-certain que le lieu était absolument désert et qu'aucun œil indiscret ne parvenait jusqu'à lui, il sauta vivement à terre.

S'approchant alors du prisonnier, toujours garrotté et attaché sur la croupe de la monture il prit le couteau passé à sa ceinture et d'un coup net, trancha les sangles qui retenaient Andrès. Puis il aida celui-ci à quitter sa pénible position.

Le christino, une fois debout, se secoua pour rappeler le sang qui avait cessé de circuler dans ses membres engourdis, frappa du pied le sol humide et aspira l'air à pleins poumons.

Ensuite, saisissant les mains de son sauveur, il les pressa dans une rude étreinte.

« Il n'y a plus ici ni carliste, ni christino, dit-il d'une voix émue, il y a deux amis d'enfance, deux hommes dont l'un vient de préserver l'autre, au péril de ses jours, d'une mort hideuse, il y a deux être soudés désormais l'un à l'autre. Tu as toujours eu mon amitié, Fernando; à partir de cette heure tu auras mon dévouement ! »

Il y avait tant de noble franchise, un tel élan de reconnaissance, une si grande sincérité dans l'accent avec lequel Andrès prononça ces paroles que son compagnon tressaillit en l'attirant sur sa poitrine.

Les deux jeunes gens s'embrassèrent.

Fernando avait les yeux troublés par de douces larmes de bonheur.

« Oh! fit-il en passant la main sur son mâle visage, c'est bon de sentir battre le cœur! Depuis un an je ne vis que de massacres, que de tueries effrayantes, que de boucheries ignobles ; depuis un an, l'amour, l'amitié, la générosité, tous les sentiments enfin qui font l'homme grand et le rendent heureux ont été refoulés dans mon âme et enfouis sous une couche de glace. Je les croyais étouffés, Andrès, tu m'as prouvé qu'ils existaient encore, merci ! »

Il y eut un moment de silence.

« Tu as donc bien souffert ? » demanda Andrès en reprenant le premier la parole.

Fernando sourit avec amertume.

« Tu m'as connu insouciant, étourdi, débauché, amoureux du plaisir, n'obéissant qu'à mes passions, répondit-il lentement, et malheureusement ces passions, auxquelles je ne savais mettre aucun frein, étaient presque toujours mauvaises, mais enfin elles existaient! mais je sentais battre mon cœur! j'éprouvais des sensations; mais j'avais des illusions encore, mais je vivais enfin!...

Aujourd'hui, continua Fernando en secouant tristement la tête, aujourd'hui, Andrès, mon esprit est sombre, parce que mon cœur ne sent plus rien. Je suis devenu froid, cruel, implacable, parce que tout ce feu qui circulait dans mes veines s'est éteint, étouffé par les désillusions, l'indifférence, le scepticisme...

Je me bats pour une cause sans même avoir foi dans cette cause que j'ai embrassée. Je tue mes ennemis sans même ressentir de la haine pour eux!

Crois-tu qu'il ait fallu des tortures à mon cœur pour l'avoir desséché ainsi en moins de deux années ? »

Andrès ne répondit pas. Il regardait son ami avec une sorte de stupéfaction.

Fernando, les yeux abaissés vers la terre, paraissait avoir oublié sa situation présente, le lieu où il se trouvait, ceux avec qui il était.

Mais ce moment d'oubli fut court. Relevant la tête et passant la main sur son front comme pour chasser des pensées trop tenaces, il se tourna vers Mochuelo.

Celui-ci était demeuré immobile se

tenant à distance respectueuse de son officier.

« Connais-tu par ici la maison de quelque ami dévoué où nous puissions passer la nuit ? demanda Fernando au soldat mendiant.

— Oui, répondit celui-ci, il y a, à une demi-lieue dans la sierra, la chaumière du père Paquo, où nous serons aussi en sûreté qu'au milieu du camp carliste.

— Qu'est-ce que Paquo ?

— C'est un des nôtres, un guerillero de la bande de Cuevillas et qui est dans ce moment dans les montagnes de Guadarrama.

— Et comment se nomme son père?

— Fabian Christoval.

— Fabian Christoval: répéta Fernando, il me semble que ce nom ne m'est pas inconnu.

— Fabian a connu jadis don Antonio Urdova, répondit Mochuelo.

— Il a connu mon père?

— Oui, senor, à l'époque de la guerre de l'indépendance. Ils ont combattu longtemps ensemble. Fabian me l'a souvent raconté.

— C'est singulier, murmura Fernando, mon père, j'en suis certain, ne m'a jamais parlé de ce compagnon d'armes et cependant le nom de Fabian Christoval me semble lié, je ne saurais dire pourquoi ni comment, à mes souvenirs d'enfance. Enfin, que je le connaisse ou non, peu importe, puisque tu réponds de lui. Conduis-nous à sa demeure.

— C'est facile, répondit Mochuelo, mais pour que Vos Seigneuries atteignent sans danger la hutte du vieux Fabian, il faut qu'elles aient la bonté de m'attendre ici durant quelques minutes, car je dois préparer les voies pour les faire libres.

— Ton Fabian habite donc un château-fort ? dit Fernando en souriant.

— Pas précisément, senor, mais le

vieux Fabian est seul, sans autre défenseur que lui même. Paquo, son fils, est comme j'ai eu l'avantage de le dire à Vos Seigneuries, l'un des meilleurs guerilleros de Cuevillas. Or, le pays n'est pas sûr. Tantôt il est au pouvoir des uns, tantôt il tombe au pouvoir des autres. Les Christinos feraient un mauvais parti au pauvre vieux, et comme il tient essentiellement à sa vie et à sa liberté, il prend ses précautions en conséquence.

— Va donc! dit Fernando, nous t'attendons ici. »

Mochuelo s'assura que sa carabine était bien amorcée (précaution singulière pour un homme allant auprès d'un ami) et la rejetant sur son épaule, il se mit en route.

Bientôt il disparut dans les ténèbres : mais son absence ne fut pas de longue durée.

Au bout de vingt minutes il fit entendre un cri d'appel bien connu des Carlistes.

« Vos Seigneuries peuvent avancer, dit le soldat mendiant. Fabian les attend. »

Fernando et Andrès remontèrent tous deux sur le petit cheval basque, qui repartit aussi allégrement que si sa charge eût été simple.

Mochuelo, cette fois, ne reprit pas sa position à la queue de la monture; mais marchant en avant, il s'engagea dans l'un des sentiers dont nous avons parlé.

La route était horriblement mauvaise.

Par moment le cheval avait des pierres jusqu'au ventre, et ses fers faisaient jaillir des aigrettes d'étincelles.

Tantôt montant, tantôt descendant, côtoyant des précipices, décrivant des zigzags et traçant des diagonales, les voyageurs atteignirent un petit torrent qu'ils traversèrent à gué, et se trouvèrent au centre d'une jolie vallée bordée de hautes montagnes.

La lune glaçait d'argent les escarpements exposés à ses rayons.

A quelques pas du ruisseau s'élevait, entourée d'arbres, une maisonnette en ruines de pauvre apparence.

Mochuelo alla heurter à la porte qui s'ouvrit aussitôt.

Pendant ce temps Fernando et Andrès mettaient de nouveau pied à terre.

Le petit cheval basque secoua sa longue crinière et flaira le sol tapissé de verdure. Rien, tout autour de cette petite maisonnette, n'attestait les précautions de sûreté que Mochuelo assurait être prises cependant par le maître.

# CHAPITRE QUATRIEME.

IV

Le Vieillard.

En ce moment Mochuelo s'avança suivi d'un [vieillard à la mine sévère, aux cheveux blanchis, à l'aspect fier et imposant.

« Señor caballero, dit le vieillard en

s'adresant à l'aide de camp de Zumala-Carregui, vous et votre compagnon soyez les bienvenus chez moi ; ma maison est la votre. »

Et, du geste, il désigna la porte ouverte de son humble chaumière.

Fernando et Andrès en franchirent le seuil

Mochuelo et le vieillard les suivirent en demeurant un peu en arrière.

« Ainsi, dit à voix basse l'habitant du modeste logis en désignant au soldat l'aide de camp de Zulama-Carregui ; ainsi, c'est celui-là, n'est-ce pas ?

— Celui qu'affectionne le général, répondit Mochuelo ; celui que tu désires voir depuis si lontemps, et que le hasard m'a permis aujourd'hui seulement d'amener dans ta demeure ; l'étudiant Fernando, enfin, c'est lui-même.

— Et tu es certain qu'il porte autour du cou le médaillon dont tu m'as parlé?

J'en suis sûr ; je l'ai vu vingt fois.

— C'est bien. Entrons maintenant. »

Un modeste souper était préparé sur une table rustique.

« Pardonnez à mon hospitalité de ne pas être plus digne de vous, dit modestement le vieillard ; mais, telle qu'elle est, elle vous est offerte par un bon Espagnol.

— Des soldats ne sont pas difficiles, répondit Fernando ; et Dieu veuille que nous trouvions toujours un semblable souper et un pareil gîte,

— Ainsi soit-il, » ajouta Mochuelo en souriant.

L'hôte, faisant observer alors aux deux jeunes gens que sa demeure ne comportait qu'une seule pièce, celle dans laquelle ils se trouvaient, et qui faisait fonction à la fois de salle à manger, de cuisine, de salon et de chambre à coucher, leur proposa, pour leur laisser une liberté entière, d'aller passer la nuit avec Mochuelo dans une grange voisine.

Fernando ne voulut point consentir à cet arrangement.

« Mochuelo a toute ma confiance, dit-il ; et je suis certain que vous la méritez également. Donc restez, et soupons tous quatre. D'ailleurs, je n'ai de secrets à garder pour personne. »

Chacun se plaça devant la table.

Le repas fut silencieux. Andrès et Mochuelo dévoraient à belle dents les mets grossiers que leur avait préparés le vieillard.

Celui-ci semblait tout entier absorbé dans la contemplation de l'étudiant placé en face de lui.

Son œil, à demi éteint par le poids des années, brillait parfois d'une ardeur étrange et un sourire de satisfaction, un sourire qui décelait une sensation de joie et une espérance de bonheur, illuminait en même temps sa noble figure.

Le regard qui caressait doucement le jeune homme était empreint d'un tel reflet de bonté, qu'il avait quelque chose de réellement paternel.

Quant à Fernando, rêveur et préoccupé, il effleurait à peine le *puchero* traditionnel.

Évidemment une pensée incessante poursuivait le jeune homme ; mais cette pensée, bien différente de celle qui animait le vieillard, semblait cacher une anxiété profonde..

De temps à autre, il relevait son front assombri, regardait Andrès et entr'ouvrait les lèvres comme s'il eût voulu formuler une interrogation ; mais la parole expirait sur sa bouche, et il laissait retomber entre ses mains sa tête intelligente.

Enfin, lorsque ses compagnons lui parurent rassasiés, il céda à l'obsession flagrante de son esprit.

« Andrès, fit-il en hésitant, comme s'il eût redouté une réponse à la question qu'il allait faire; Andrès!... depuis combien de temps as-tu quitté Villafranca ?

— Depuis deux ans, répondit Andrès.

— Et... ma mère... vit-elle encore?

— Je le crois,

— Tu l'as vue ?

— Pas depuis que j'ai quitté la ville. »

Fernando soupira bruyamment.

« Ah ! fit-il avec joie, je craignais une fatale nouvelle; mais Dieu est bon, il m'a assez puni.»

En entendant ces mots, Andrès détourna la tête comme s'il eût craint de laisser lire dans son regard.

Son ami ne remarqua pas ce mouvement.

« Andrès, reprit-il vivement, répète-moi que ma mère vit toujours.

— Je te répète que je le crois, Fernando. Depuis plus de deux ans je ne l'ai pas vue ; mais s'il lui était arrivé malheur, je l'eusse appris bien certainement.

— Et la dernière fois que tu l'as vue, tu lui as parlé ?

— Sans doute.

— Et... se souvenait-elle qu'elle avait un fils ?

— Ton nom, Fernando, revenait sans cesse dans ses prières.

— Crois-tu donc qu'elle m'ait pardonné ?

— Je le crois également.

— Bonne mère ! murmura Fernando avec une émotion extrême, tandis que de grosses larmes roulaient sur ses joues bronzées. J'avais juré de ne me présenter à elle qu'après avoir vengé la mort de mon père sur les bourreaux qui l'ont frappé; mais Villafranca est proche...

— Nous irons ensemble ! dit vivement Andrès.

— Oui ! dès demain je demanderai permission au général. Ma mère !... répéta l'étudiant dont la voix prit une douceur ineffable; ma mère, ma sœur !

Tout ce qui a souffert par moi, tout ce que j'aime !... Oh ! oui, je veux les revoir. Pauvre et belle Inès ! comme elle a dû pleurer l'absence de son frère maudit !

— Oui, elle a pleuré, la noble enfant ! dit Andrès avec un accent singulier.

— Tu l'as vue aussi ? demanda Fernando.

— Non... répondit Andrès avec embarras.

— Quoi ! n'était-elle plus près de ma mère.

— Elle n'y était plus !

Où était-elle alors ?

— Je l'ignore.

—Quoi ! s'écria Fernando, Inès avait-elle aussi quitté la maison paternelle ?

— Elle l'avait quittée par ordre de son père pour suivre son... époux. »

Ce dernier mot parut sortir avec peine de la bouche d'Andrès, et ses lèvres se crispèrent en le prononçant, comme s'il les eût déchirées au passage.

Fernando regarda le jeune homme avec une fixité expressive.

« Son époux ! répéta-t-il. Inès est mariée !

— Hélas ! oui, répondit Andrès avec un geste douloureux.

— Depuis quand, mon Dieu ? dit Fernando qui paraissait en proie à une stuéfacation profonde.

— Depuis plus de deux ans ; huit

mois après ton départ, six mois avant le commencement de la guerre.

— Et qui donc a-t-elle choisi pour époux ? »

Andrès secoua la tête.

« Elle n'a pas choisi, dit-il ; les circonstances commandaient, elle a dû obéir.

— Les circonstances, dis-tu ?... Je ne comprends pas. »

Andrès se leva comme si cet interrogatoire lui devenait insupportable.

« Explique-toi ! répéta Fernando avec force.

— Je m'expliquerai plus tard, dit Andrès.

— Mais alors Inès s'est donc mariée contre son gré ? car enfin elle t'aimait !... Tu l'aimais aussi ! Une union était arrêtée entre vous, et pour que cette union n'ait pas eu lieu, il faut...

— Ta sœur a été contrainte ! interrompit Andrès avec impatience.

— Elle est malheureuse, peut-être ?

— Je le crains. »

Un silence suivit cette courte réponse.

« Qui donc est son mari ?

— Un officier, dit Andrès, qui ne répondait que par de brèves paroles, comme un homme qui désirerait garder le silence, et auquel devient de plus en plus pénible le sujet de conversation qu'il traite.

— Un officier de l'armée de la régente ? s'écria Fernando sans faire attention à la contrainte visible de son ami.

— Oui.

— Son nom ?

— Je te le dirai plus tard, fit Andrès en détournant la tête.

— Pourquoi pas maintenant ?

— Parce que je l'ignore moi-même. »

Les yeux d'Andrès fuyaient le regard étincelant de Fernando, en répondant ainsi :

« Tu l'ignores ? s'écria l'ex-étudiant

avec violence. Cela est impossible ! Tu étais à Villafranca à cette époque; tu connaissais mon père qui t'aimait sincèrement; toi-même, je le répète, tu as aimé ma sœur, je le sais, et tu ne connaîtrais pas le nom de celui qui fut ton heureux rival !

— Fernando... je t'en prie!...

— Andrès! tu veux me cacher un malheur que j'ignore. Quel qu'il soit, je veux le savoir! Parle! Le nom de celui qui a épousé ma sœur?

— Eh bien ! Fernando, promets-moi d'être calme !

— Je te le promets. Parle ! »

Andrès garda le silence.

« Parle donc ! s'écria Fernando avec colère.

— Ta sœur, dit le Carliste d'une voix lente, est la femme du colonel Ramero y Puelès !

— Ramero y Puelès ! répéta Fernando en bondissant sur son siège. Celui qui a fait fusiller mon père ?

— Non... mais son frère.

— Oh! pauvre Inès! malheureuse enfant! » fit l'étudiant avec une douleur poignante et en songeant à l'horrible situation morale dans laquelle devait se trouver sa sœur.

Andrès lui prit la main.

« Du courage ! » dit-il.

Fernando releva la tête en s'efforçant d'être calme.

« Et, reprit-il après un court silence,

la cause de cette union, tu la connais?

— Non, » murmura le Christino.

Mais il y avait contradiction flagrante entre sa réponse et le ton dont cette réponse était faite.

« Eh bien! s'écria Fernando, cette cause, je crois la connaître, moi: c'est... »

Ses regards interrogèrent Andrès, mais Andrès ne répondit pas.

Fernando devint d'une pâleur livide

« C'est donc moi qui suis encore la

cause de ce malheur! dit-il avec explosion. Dis la vérité, Andrès, je t'en conjure! »

Andrès détourna la tête.

« Oh! misérable que je suis! s'écria l'étudiant. Comment racheter mes fautes? comment expier les maux que j'ai amoncelés sur la tête de tous ceux qui m'aimaient?... »

CHAPITRE CINQUIÈME

V

Les péchés de jeunesse.

Un long silence suivit les paroles de l'aide de camp de Zulama-Carregui.

Mochuelo et Andrès contemplaient

avec tristesse la douleur à laquelle Fernando était en proie.

Celui-ci était, au reste, effrayant à voir. Debout, immobile et muet, les yeux fixes, la bouche horriblement contractée, il semblait être la statue vivante du remords.

Le vieillard secouait sa tête vénérable, n'osant prendre part à la scène pénible qui avait lieu devant lui.

Cependant, se levant lentement, il

s'approcha de l'étudiant, et, lui posant un doigt sur l'épaule :

« Mon fils, lui dit-il d'une voix grave, j'ignore quelles sont les fautes dont vous vous êtes jadis rendu coupab'e ; mais, à vos larmes et à votre chagrin, je vois que le repentir est entré dans votre âme, et souvenez-vous que la divine miséricorde s'étend sur tous les chétiens. Dieu vous pardonne, et ceux que vous avez fait souffrir ne doivent pas être plus implacables que n'est le maître de l'univers.

— Ceux-là m'ont pardonné, répondit Fernando ; mais je ne saurais, moi, être indulgent pour ma conduite passée.

— L'avenir la rachètera, mon fils. »

L'étudiant fit un geste d'incrédulité, puis, s'adressant de nouveau au compagnon d'enfance qu'il venait de retrouver d'une manière si miraculeuse :

« Andrès ! reprit-il, que s'est-il passé à Villafranca depuis le jour où mon père me maudit en me chassant de son toit ? Dis-moi la vérité, ami ; j'ai besoin de la connaître, tu dois le comprendre, car, je le jure, à partir de ce moment, chacune de mes heures sera consacrée à effacer le souvenir des maux que j'ai commis. Tu n'as quitté la ville que long-temps après moi, tu dois tout savoir. »

Andrès fit signe qu'il allait parler ; mais il sembla vouloir auparavant recueillir ses pensées.

Pendant ce temps, le vieillard était revenu de nouveau vers Fernando.

« Mon fils, dit-il, j'ai vu passer sur ma tête toutes les années de ce siècle et le dernier tiers de celles du siècle précédent. Soixante hivers m'ont donné l'expérience des hommes et des choses.

Mon existence, je puis le dire, a été loyalement remplie.

Mon sang a coulé souvent pour le bien de la patrie, et aujourd'hui, que je suis trop vieux pour manier un fusil, j'ai remis le mien entre les mains de mon fils unique qui combat pour la bonne cause dans les montagnes de la Castille-Vieille. J'ai droit au respect de tous, mais je désire posséder à cette heure votre confiance.

Votre jeunesse, vos douleurs, votre physionomie franche et loyale, tout m'attire vers vous. Je veux vous prodiguer mes conseils et mes consolations, mais pour que les uns vous soient profitables, pour que les autres vous soient douces, il me faut connaître les écarts de vos jeunes années. Dites ! Voulez-vous vous confesser à moi ?

J'aurai la discrétion du prêtre, et quels que soient vos projets pour l'avenir, je sens que je vous serai utile, car je connais non-seulement les hommes, mais encore les choses du pays qui nous environne et dans lequel vous êtes né.

— Vous voulez connaître mon passé ? répondit Fernando avec une sorte de mélancolique amertume, le récit en serait court, mais vous apprendrez mieux ce qui me concerne, en écoutant, ce qu'Andrès va me revéler.

— N'importe! Ne méprisez pas ma pauvreté, faites moi votre confident.

— Mais, dit Fernando étonné de la persistance singulière du vieillard et du désir qu'il manifestait si clairement de s'immiscer dans les affaires d'autrui, mais pourquoi donc tenez-vous autant à ne rien ignorer de ma vie passée ?

— Parce que j'ai été l'ami de votre

père, Fernando, parce qu'Antonio et moi avons combattu trois années côte à côte, parce que vingt fois nous avons partagé fraternellement ce que nous croyions être notre dernier morceau de pain ou notre dernière charge de poudre, parce qu'enfin nous n'avons jamais eu de secret l'un pour l'autre, et que, par conséquent, son fils ne doit pas en avoir pour moi.

— Je veux bien vous satisfaire, mon vieil ami, répondit Fernando en souriant, mais à votre tour vous m'apprendrez alors, vous qui avez été le compagnon de mon père, deux choses de mon existence que j'ignore complètement.

— Lesquelles ?

— Mon âge d'abord, que je ne sais qu'approximativement, et l'endroit où je suis né, que je ne connais en aucune façon.

— Quoi ! dit le vieux Fabian avec une

expression étrange, vous ignorez votre âge et le lieu de votre naissance?

— Très-positivement.

— Votre père ni votre mère ne vous en ont rien dit ?

— Quand j'ai cru devoir interroger l'un ou l'autre à cet égard, ils ont toujours évité de me répondre, et voyant que ces questions paraissaient leur être pénibles, j'ai cessé de les leur adresser.

— Et qu'avez-vous conclu de ce sentiment qui semblait agiter vos parents ?

— Qu'un grand malheur ou un profond mystère avait entouré ma venue en ce monde, et que le souvenir de ce malheur ou de ce mystère était également douloureux pour mon père et ma mère.

— Peut-être ne vous trompez-vous pas, » répondit fixement Fabian en regardant encore plus fixement le jeune homme.

Puis il ajouta à part lui :

« Oh ! c'est lui, c'est bien lui, et je comprends maintenant pourquoi Zumala-Carregui m'a offert une fortune en échange d'une révélation!

— Eh bien? reprit Fernando en voyant le vieillard garder le silence, ne pouvez-vous pas m'éclairer sur ces deux points, ou tout au moins sur l'un ou sur l'autre?

— Je puis vous dire la vérité sur les deux.

— Alors je suis né?

— A Saragosse, dans l'église du couvent San Francisco, neuf mois après la nuit qui suivit le jour où les Français s'en emparèrent, c'est-à-dire le 16 févier 1809.

— Donc je suis né le 16 novembre 1809, et j'ai vingt-cinq ans?

— Vingt-cinq ans et sept mois, puisque nous sommes aujourd'hui le 8 juin 1835.

— Et connaissez-vous les causes qui faisaient éviter à mes parents de parler de cette date mémorable pour moi?

— Non!... J'étais blessé alors, et ce ne

fut que deux mois après la reddition de la ville que je retrouvai Antonio. Il m'apprit la naissance de son fils et c'est là tout ce que j'ai jamais su vous concernant. Maintenant que j'ai satisfait votre curiosité autant que la chose était en mon pouvoir, mon enfant, répondez vous-même à mes questions. Vous avez dit tout à l'heure que vous étiez un fils maudit, cela est-il donc vrai ?

— Oui ! » répondit Fernando en baissant la tête.

Fabian joignit les mains.

« Antonio Urdova n'a-t-il donc jamais rétracté l'anathème lancé sur son fils ?

— Depuis le jour où je sortis, chassé de la maison paternelle, je n'ai plus revu celui qui avait été mon père, qu'une heure après qu'il venait d'être fusillé par les ordres de Ramero y Puelès, le commandant de la citadelle de Pampelune.

— Mais dans quelles circonstances don Antonio a-t-il prononcé cette fatale malédiction.

— Dans des circonstances terribles, mon vieil ami, et que j'avais provoquées par mes fautes.

— Ces fautes étaient donc bien graves?

— Oui, car elles compromettaient l'honneur du nom de mon père.

Oh! je suis bon juge maintenant de toute l'infamie de ma conduite, continua Fernando dont la voix s'animait et dont le front se couvrit d'une rougeur ardente, ma punition devait être dans l'aveu même de mes crimes.

Cet aveu je ne l'ai fait encore à personne, mais puisque l'occasion se présente, je boirai le calice jusqu'à la lie, je confesserai la vérité entière et tous trois, vous serez mes confidents, dussiez-vous ensuite repousser la main que je n'oserai peut-être même plus vous tendre après que vous m'aurez entendu.

J'ai été mauvais fils, j'ai été mauvais frère. J'ai encouru justement la malédiction de mon père, j'ai brisé de douleur le cœur de ma mère, et j'ai empoisonné à jamais l'existence de ma sœur ! »

En parlant ainsi, Fernando, la main tremblante et les traits contractés, se leva violemment, repoussa du pied le tabouret sur lequel il était assis et marcha rapidement dans la chambre, comme s'il eût eu besoin d'un mouvement actif pour dégager son cœur vers lequel affluait le sang.

Les trois auditeurs n'osaient le regarder.

Enfin, faisant un visible effort pour rappeler le calme dans son cerveau embarrassé, il revint prendre place à côté d'Andrès.

« J'avais quinze ans, commença-t-il d'une voix brève et saccadée. Jusqu'alors j'avais vécu heureux et tranquille, près de mon père qui avait commencé mon éducation, près de ma mère qui m'adorait, près d'Inès, ma jeune sœur, dont je partageais les jeux.

Mon père me destinait à la carrière du barreau, et je devais aller plus tard à Salamanque y compléter mes études et passer mes vacances.

Je jouissais d'une liberté assez grande, fréquentant les jeunes gens de la ville dont les goûts flattaient les miens. »

CHAPITRE SIXIÈME.

VI

Le Jeu.

A cette époque, deux passions, deux vices, si vous le voulez, commencèrent à germer dans mon âme, reprit Fernando après un moment de silence, et ces vices s'y développèrent au point qu'ils finirent par dominer tous mes autres sentiments et par se les asservir.

Ces deux passions étaient l'orgueil et l'amour du plaisir.

Mais un orgueil énorme, sans frein, sans limites, un désir immodéré de lutter avec les plus grands et les plus puissants, d'écraser de ma supériorité mes égaux et mes inférieurs, un orgueil qui ne connaissait pas de milieu entre les illustres actions et les plus basses infamies.

Mais un amour du plaisir dégénérant en véritable rage, en entraînement irrésistible, et que développaient encore les perfides conseils de quelques-uns de mes compagnons et les mauvais exemples que je m'entêtais à prendre pour bons.

Mon père, pour mon malheur, fut alors obligé d'accomplir un long voyage.

Ma mère était trop faible, ma sœur

était trop jeune pour me ramener dans une voie saine et raisonnable.

Bref, le voyage de mon père dura deux années, et à son retour il s'aperçut bien vite sur quelle pente fatale roulait son fils, mais il n'était plus temps déjà de l'arrêter.

Les remontrances paternelles me trouvèrent endurci dans le vice : je les méprisai.

Sans égard pour les ordres de don Antonio, pour les prières de ma mère, ni pour les larmes de ma sœur, je continuai le genre de vie que j'avais adopté, ne fréquentant que les sociétés les plus perverses et que les plus mauvais lieux.

Mon père, croyant ou espérant m'arracher à la vie que je menais, résolut de m'envoyer à Salamanque.

Je partis avec joie, car mes passions allaient trouver devant elles un champ plus vaste à exploiter.

A Salamanque, je rencontrai tout ce

qu'il fallait pour développer mes mauvais instincts.

Je jouais, je me battais, je séduisais les jeunes filles, m'efforçant toujours d'en faire plus que mes camarades et fier de la triste renommée que commençait à acquérir mon nom.

Je passais mes heures avec les compagnons les plus fous que je pusse rencontrer, courant avec eux les fondas, les bailes (bals), tous les lieux publics enfin où la débauche règne en maîtresse.

Pour continuer une telle existence, il me fallait de l'argent et beaucoup.

Mon père, sans être riche, possédait une aisance convenable ; mais connaissant mes déplorables penchants, il n'eût certes pas risqué de les augmenter en m'ouvrant sa bourse.

D'ailleurs, il me fallait des sommes plus fortes que celles dont il pouvait disposer en ma faveur.

Je fis des dettes, mais bientôt il fallut payer.

Les usuriers ne manquent nulle part, vous le savez, et à Salamanque et dans les environs il s'en trouvait une collection assez nombreuse.

Pensant que mon père payerait, les misérables exploiteurs de tous les vices de l'ardente jeunesse vinrent à moi avant que je songeasse à aller à eux.

J'acceptai avec reconnaissance la facilité que je trouvai.

Que vous dirai-je? Ces sangsues insatiables me poussèrent de toutes leurs forces vers ma perte.

Connaissant les sentiments de don Antonio relatifs à l'honneur de son nom, ils savaient bien, ces usuriers maudits, qu'ils pouvaient prêter à l'enfant prodigue.

En cinq ans, la somme que je dus équivalait à tout ce que possédait mon père, et don Antonio ignorait encore le désastre.

N'ayant plus de garantie à offrir, le

crédit me fut fermé partout, et moi, espérant en la fortune, je ne vis plus de ressources que dans le jeu.

Parmi les officiers qui commandaient à Salamanque, il en était plusieurs qui partageaient nos plaisirs.

L'un, entre autres, un capitaine dont le véritable nom ne m'a jamais été connu et qui se faisait appeler tout simplement don Horacio, avait pour les cartes une passion insatiable.

C'était lui qui se faisait presque chaque soir mon adversaire, et bientôt le jeu, en favorisant tantôt l'un, tantôt l'autre, nous rendit ennemis jurés.

Plusieurs fois des querelles, nées d'un coup contesté, faillirent nous faire mettre l'épée à la main, et il fallut l'intervention de nos compagnons pour empêcher un combat.

Néanmoins, quoique nous haïssant, nous jouions presque chaque nuit ensemble, et lorsque les usuriers me fermèrent leur bourse, je jouai, je vous l'ai dit, avec plus d'acharnement que jamais.

Un soir, soir fatal qui sera toujours présent à ma pensée, je perdis, non-seulement ce que je possédais, mais encore près de deux mille réaux sur parole.

Désespéré, car il fallait payer ou me voir chasser honteusement des maisons où j'allais, et, dans mon orgueil, j'eusse préféré la mort à l'aveu de ma misère ; je résolus de me rendre à Villafranca.

« Senor Horacio, dis-je à mon adversaire, je n'ai pas ici, à Salamanque, la somme que je vous dois, mais je ne vous demande pour m'acquitter que le temps d'aller à Villafranca prendre cet argent chez mon père.

— Je vais moi-même à Villafranca pour affaires, me répondit Horacio, et je serai honoré d'être votre compagnon de route. »

Je compris le doute injurieux pour ma parole que cachait l'intention exprimée par l'officier, mais je dus me taire et dissimuler.

Quelques-uns de mes amis croyant, sans arrière-pensée, m'être agréables, projetèrent de nous accompagner tous deux.

De Villafranca, et après que j'aurais eu vu mon père, nous devions, trois étudiants et moi commencer notre tour d'Espagne.

Ce voyage me souriait, car ne pouvant plus, faute d'argent, continuer à Salamanque le train que j'y menais, j'étais heureux de trouver une occasion avouable de quitter la ville.

« Mon père, pensais-je, ignore encore les dettes que j'ai contractées. En m'y prenant adroitement, il est impossible que je ne parvienne pas à lui arracher la somme qu'il me faut. D'ailleurs, cet argent m'est absolument nécessaire; je l'aurai. »

Et sur ce beau raisonnement, je partis avec mes compagnons pour Villafranca, bien résolu à obtenir de mon père ce que j'allais lui demander.

Je comptais, pour réussir, vous le savez, sur l'ignorance complète où devait être don Antonio de mes folles extravagances.

Malheureusement un juif, mon principal créancier, était venu la veille à Villafranca, chez mon père, et, mes signatures en main, l'avait informé de tout.

Je trouvai ma mère en proie à la plus douloureuse stupéfaction, mon père foudroyé et ma sœur demi-folle de terreur, car chacun savait que cette espèce d'anéantissement dans lequel paraissait plongé don Antonio, précédait toujours le violent éclat de ses terribles colères.

En effet, à peine eus-je franchi le seuil de la maison, à peine eus-je pénétré dans la pièce du rez-de-chaussée où était rassemblée la famille, que mon père, s'arrachant à son désespoir muet, marcha vers moi et m'arrêta de la main.

« Fernando ! me dit-il avec un calme véritablement effrayant, car il décélait la tempête, Fernando ! un homme est venu ici, il y a quelques heures, et m'a remis cet état des créances qu'il prétend avoir été souscrites par vous tant à son profit qu'à celui de tiers porteur dont il se déclare le représentant. J'ai chassé cet homme en lui disant qu'il mentait. Répondez, mon fils, ai-je fait ce que je devais faire? Cet homme mentait-il réellement?

Je reculai sans oser répondre ; mais mon silence était aussi clair qu'aurait pu l'être une parole sortie de mes lèvres arides.

Don Antonio fit encore un nouveau pas vers moi.

Ma mère et ma sœur, pétrifiées et immobiles, n'osaient faire un mouvement.

« Ainsi, reprit mon père sans sortir de ce calme si peu conforme à son caractère emporté, ainsi vous avouez? Vos dettes s'élèvent à un chiffre auquel atteint à peine tout ce que je possède. Ecoutez, mon fils ; voici la situation dans laquelle vous placez votre père. Ecoutez bien, car ce moment est solennel et comptera dans votre existence. »

Don Antonio s'arrêta quelques instants comme pour dominer l'extrême émotion qui l'agitait intérieurement.

Sa voix sortait brève et saccadée de sa poitrine, et sa gorge semblait ne laisser passer qu'avec peine les sons qui s'en échappaient.

J'étais littéralement terrifié.

Durant l'espace de quelques secondes que mon père mit à vaincre sa colère, tout mon passé me revint à la mémoire et pour la première fois je sentis le rouge de la honte envahir mon front.

Et cependant, aujourd'hui je le reconnais, c'était moins le sentiment de mes fautes qui torturait mon âme que mon orgueil humilié.

Don Antonio tenait sur moi son regard clair et dominateur.

« Fils de soldat, soldat moi-même, continua-t-il enfin, je dois compte à mes ancêtres de l'honneur du nom qu'ils m'ont légué sans tache ! Si je paye les dettes contractées par vous, je reste sans argent, sans pain à donner à votre mère et à votre sœur. C'est la misère sous son plus hideux aspect, et comme je suis vieux, à cette heure, c'est la misère sans espoir ! Si je refuse de payer, ainsi que cela est mon droit, c'est le déshonneur pour toute ma famille. Placé par votre faute entre ces deux extrêmes malheurs, je dois choisir et mon choix est fait : je payerai vos dettes. Dès demain je commencerai à vendre tout ce qui constitue mon bien ! »

J'étais tellement loin de m'attendre à cette conclusion qui me révélait toute la grandeur d'âme de mon père, que je demeurai tout d'abord le regard fixe, sans voix et sans mouvement.

Mais bientôt une révolution s'opéra dans tout mon être ; un sanglot me monta à la gorge, et le repentir, un repentir sincère, s'empara de mon cœur.

« Mon père ! » m'écriai-je.

Mais je n'eus pas le temps de continuer, don Antonio m'interrompit brusquement.

« Pas de phrases ! dit-il d'une voix qui n'admettait pas de réplique. Pas de mots, je n'y croirais pas. Les faits seuls m'apprendront si je dois vous pardonner un jour. Pour le présent, je vous ordonne de ne plus affronter mes regards. Allez où bon vous semblera, et ne revenez ici que lorsque vous serez en mesure, par votre travail, de me remplacer auprès de votre mère et de votre sœur et de leur rendre le pain que vous leur avez enlevé et que je vais d'ici là m'efforcer de gagner pour elles. »

Puis ouvrant la porte, mon père me fit signe de sortir.

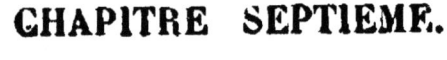# CHAPITRE SEPTIEME.

VII

La confession.

Au geste impérieux de don Antonio, continua l'étudiant en courbant la tête sous le douloureux souvenir qu'il évoquait, je reculai atterré et obéissant par un sentiment indépendant de ma volonté.

Ma mère et ma sœur firent quelques pas vers moi, mais mon père les retint.

« Laissez-nous l'embrasser avant qu'il ne parte ! dit ma mère en étouffant ses larmes.

— Il n'en est pas digne ! » répondit don Antonio.

Puis, réfléchisssant sans doute qu'il n'avait pas le droit, quelque coupable que fût son fils, de le priver du dernier baiser peut-être que lui donnerait sa mère, il prit ma sœur par la main et s'éloigna avec elle, en ordonnant à ma mère de le suivre, mais en sortant assez lentement pour lui permettre de se rapprocher de moi sans qu'il parût la voir.

Ma mère me pressa contre son cœur en m'inondant de ses larmes.

« Reviens cette nuit, me dit-elle à voix basse. La porte du jardin ne sera pas fermée, tu pourras gagner ta chambre, et demain matin je te verrai. Peut-être d'ici là, Inès et moi parviendrons-nous à fléchir ton père. »

Je ne répondis pas ; j'étais écrasé, anéanti ; j'avais à peine entendu ces douces promesses d'un pardon possible.

Ma mère porta la main à ses yeux, et quitta la pièce à son tour.

Je demeurai seul, immobile, en face de la porte ouverte.

A partir de ce moment, et c'est là ma consolation suprême, je suis persuadé que je restai le reste de la nuit en proie à une sorte de fièvre chaude.

Ce qu'il y a de certain, c'est que je n'eus pas évidemment, sur le coup, conscience des actes que j'accomplis durant cette nuit horrible, qui sera le remords de ma vie entière.

Ainsi, tout en me livrant à la débauche et à la perversité, j'avais toujours gardé dans mon cœur un vif amour pour ma mère; eh bien ! ce soir-là, ses paroles ne me touchèrent pas, ses baisers et ses larmes ne m'émurent pas, et je la laissai sortir sans lui répondre un mot, sans lui rendre une caresse.

La lueur de repentir qui s'était un instant allumée dans mon âme, s'était éteinte aussi rapidement qu'elle avait brillé.

Mon cœur, momentanément du moins, était desséché, et dans la scène qui venait d'avoir lieu, je ne voyais qu'une chose, c'est que je ne pouvais payer les deux mille réaux que j'avais perdus, car il m'avait été impossible de parler de cette dette nouvelle, la seule cependant pour laquelle je fusse venu à Villafranca, et maintenant toute tentative ne pouvait même être faite.

La colère de mon père eût éclaté sans que j'eusse pu rien recueillir d'une seconde scène, car, d'après ce qu'il venait de me dire, ce qu'il possédait pouvait à peine parvenir à combler mes dettes anciennes, et sa loyauté eût été cette fois impuissante à sauver l'honneur du nom.

Mais, encore une fois, j'étais fou. Aucune de ces considérations ne me vint à la pensée, et je ne vis qu'une chose, je le répète, c'était que je ne pouvais payer, que dès lors don Horacio publierait à Salamanque ma misère, et que ma réputation serait ternie aux yeux de la mauvaise société dont j'avais fait ma compagnie habituelle.

Mes regards, errant autour de la chambre, déserte, s'abaissèrent sur le plancher et y rencontrèrent un papier plié, placé devant moi.

Je me baissai et je le ramassai. Ce papier contenait cinquante réaux.

Sans songer un seul instant que c'était à la bonté de ma mère que je devais cette petite somme, qu'elle avait sans doute laissé tomber à mes pieds au moment où elle me pressait sur son sein, je me saisis de l'argent avec l'avidité de l'avare qui rencontrerait subitement un trésor.

Je ne voyais là ni la tendresse de la sainte femme, ni la pitié miséricordieuse de mon père, qui était évidemment complice de ce don fait à l'enfant chassé du toit paternel; je ne voyais que l'argent lui-même, que les réaux qui allaient remplir ma poche vide.

Sans tourner la tête, je m'élançai au dehors presque joyeux.

A vingt pas de la maison, j'entendis les voix de mes camarades qui partaient d'une fonda voisine.

Ils m'appelaient; je montai. Je les trouvai riant, buvant, chantant et jouant.

Don Horacio était parmi eux, et près de lui se tenait le juif qui avait fait dans la matinée une visite à don Antonio.

J'ai toujours pensé depuis, sans cependant avoir des preuves certaines, que ce juif et Horacio étaient depuis longtemps d'accord ensemble, et que la venue du juif à Villafranca, me précédant seulement de quelques heures, pouvait être le résultat d'une combinaison dont le but m'échappe encore.

— Et tu avais raison de penser cela, interrompit Andrès, car c'est la vérité. Oui, Horacio et l'usurier avaient un projet infâme qu'ils mirent bientôt à exécution.

— Comment cela? demanda Fernando. Explique-toi.

— Plus tard ; après que tu auras toi-même achevé ton récit, je ferai le mien, et tu sauras tout.

— La vue de ce juif maudit, dit Fernando en reprenant sa confession là où il l'avait interrompue, la vue de ce juif maudit me fit monter la colère au cerveau.

Je courus à lui, et le secouant rudement, je l'accablai de reproches pour avoir été trouver mon père sans m'avoir averti de cette démarche.

Le lâche se laissa secouer sans opposer la moindre résistance, et écouta mon discours véhément sans l'interrompre par une seule parole d'excuse.

Loin de là, lorsque j'eus achevé, il se dégagea doucement, et, souriant avec hypocrisie :

« Senor Fernando, me dit-il de sa voix mielleuse, mon cher et estimable client, vous m'accusez en ce moment à tort, et plutôt que de me jeter des invectives à la face, vous devriez vous confondre en remercîments à mon égard.

— Trêve de railleries! répondis-je.

— Mais je ne raille nullement ; je parle très - sérieusement au contraire. Sans doute, vous devez me remercier d'avoir agi ainsi que je l'ai fait. D'abord, en ne vous prévenant pas, je vous ai évité les inquiétudes et les soucis ; puis je savais que la colère de votre père, en vous prenant au dépourvu de raisons préparées à l'avance, vous trouverait plus véritablement attendrissant en ce que votre stupéfaction pourrait passer pour un profond repentir. Enfin, réfléchissez :

dans tous les cas, il eût fallu qu'un jour à venir don Antonio fût instruit de vos dettes. Mieux vaut maintenant que la chose soit faite qu'à faire, car le mauvais moment est passé, et le malheur accompli est toujours préférable au malheur futur. »

Mes camarades se mirent à rire en entendant la justification de l'usurier, et me dirent que j'aurais tort de ne pas reconnaître le prétendu service qu'il m'avait rendu.

« Au reste, continua le juif, si je vous ai offensé, senor Fernando, je vous supplie très-humblement de me pardonner. »

La crainte de me rendre ridicule aux yeux de mes amis, en ayant l'air de redouter le courroux de mon père, me fit admettre pour valables les raisons données par l'usurier.

« Je suis certain que don Antonio Urdova fera honneur à la signature de son fils, ajouta cet enfant de Judas en me câlinant du regard.

— En avez-vous donc douté? demandai-je.

— Dieu m'en garde! répondit le juif.

— Maintenant que vous vous êtes entendu, dit Horacio en se tournant vers moi, j'espère, senor Fernando, que vous me permettrez de vous offrir votre revanche. Quitte ou double! cela vous convient-il? Demain vous serez libéré ou vous me compterez quatre mille réaux.

— Ce qui sera facile à notre cher seigneur, ajouta l'usurier, car don Antonio Urdova doit être fort riche, à en juger par ce que j'ai vu aujourd'hui. »

Cette pensée de laisser supposer mon père possesseur d'une brillante fortune flattant singulièrement mon vice dominateur, je souris en affectant une méprisante insouciance, et je demandai au juif qui l'avait si bien instruit.

« Le hasard, me répondit-il. Au moment où j'étais en conférence avec votre père, un homme entra dans la pièce où nous étions et déposa sur la table un grand sac, qu'à son aspect et au son qu'il rendit je jugeai devoir contenir au moins deux mille douros d'argent Votre père prit négligemment le sac, le jeta dans une armoire et revint à moi comme si de rien n'était. Or, je dis qu'un homme qui traite avec une telle indifférence un pareil trésor, est incontestablement un riche seigneur et un véritable gentilhomme.

— Et, ajouta don Horacio, d'après ce que je vois, le seigneur Fernando est le digne fils de son père. Mais il se fait tard, et j'ai hâte de lui donner la revanche que je lui ai proposée.

— Je n'ai sur moi que quelques misérables réaux, dis-je en rougissant légèrement.

— Qu'importe ! Votre parole vaut tout l'or des mines du Pérou. »

Et don Horacio prit un jeu de cartes qu'il mêla.

« Que vous dirai-je? j'avais le vertige, mon mauvais génie me poussait, j'espérais regagner la somme perdue, je jouai.

Deux heures après j'avais perdue sur parole dix-huit cents douros d'argent.

Demi-fou de rage et de désespoir, emporté par la passion je voulus continuer, mais don Horacio refusa.

« Nous reprendrons la partie plus

tard, me dit-il avec un méchant sourire, mais pour le moment restons-en là. Maintenant, senor Fernando, je dois vous prévenir que partant pour Madrid au lever de l'aurore, je vous serai infiniment reconnaissant de terminer cette nuit ce petit compte. »

Ces paroles achevèrent de noyer ma raison. Je restai muet, indécis, sans voix et pour ainsi dire sans pensées.

Mes amis, remarquant l'effet que la perte que je venais d'éprouver produisait sur moi, me plaisantèrent avec cynisme sur la terreur que paraissait m'inspirer l'obligation où j'étais d'aller raconter ma dette à don Antonio.

Ces plaisanteries galvanisèrent mon indomptable orgueil engourdi par le malheur.

« Vous vous trompez, dis-je vivement, je ne suis ni attristé de ma perte, ni embarrassé de payer.

— Qu'as-tu donc alors ? me demanda-ton.

— J'ai soif! »

Et saisissant un flacon de *jerès* placé sur la table, je le vidai d'un trait.

« Bravo! fit don Horacio. J'avais toujours pensé que vous étiez le plus beau joueur d'Espagne comme vous en êtes le meilleur compagnon, et je suis heureux de voir changer mes suppositions en certitude !

— Du vin ! » crièrent mes amis.

Les flacons étaient vides : on les fit

échanger contre des pleins et l'orgie commença.

Ma folie faisait des progrès effrayants.

« Je parie boire trois flacons de *jerès*! » m'écriai-je.

Et comme personne ne voulut tenir le pari, le prétendant impossible à proposer, je saisis trois flacons et je les vidai comme j'avais vidé déjà le premier.

Après ce bel exploit qui me valut

l'approbation générale, je sortis en chancelant et en prévenant don Horacio que j'allais chercher l'argent que je lui devais.

L'ivresse, causée par la douleur, la rage et le vin, à laquelle j'étais en proie, me permettaient néanmoins d'embrasser nettement un certain point de vue de la situation.

Je croyais que don Horacio devait me haïr par la raison que je le détestais profondément et, me basant sur cette haine, j'en concluai qu'il colporterait partout ma déloyauté, si je demeurais son débiteur.

Je m'étais machinalement dirigé vers la maison de mon père et pénétrant par la porte que ma mère avait laissée entr'ouverte, j'entrai dans le petit jardin.

Je vous le répète encore, je n'avais plus ma raison.

M'orientant mal au milieu des ténèbres de la nuit, je me trompai de chambre et au lieu de gagner celle qui jadis avait été la mienne, je pénétrai dans le cabinet de travail de don Antonio.

Une lampe que mon père, dans ses terribles préoccupations, avait sans doute oublié d'éteindre, éclairait faiblement la petite pièce.

Je me laissai tomber dans un fauteuil essayant de ramener le calme dans mon esprit.

Mais ce fut chose impossible.

J'eus d'abord le projet d'aller trouver mon père et de tout lui apprendre, mais je reculai bientôt devant l'exécution de cette sage pensée.

En dépit ou peut-être à cause de mes nombreuses libations à la *fonda*, j'avais le gosier tellement aride que je souffrais du besoin irrésistible d'étancher ma soif.

Mes souvenirs d'enfance me firent rappeler que certains flacons d'alicante conservés précieusement par ma mère étaient d'ordinaire enfermés dans l'armoire du cabinet de don Antonio.

Cette armoire était en face de moi, mais la clef manquait pour l'ouvrir.

Je cherchai d'abord cette clef dans tous les coins, et ne la trouvant pas, j'introduisis dans la boiserie de la porte la pointe de mon couteau.

Après quelques efforts, je fis sauter la serrure. J'ignore encore comment le bruit que je fis ne tira pas toute la maison du sommeil dans lequel chacun était plongé.

Je pris une bouteille et, dans mon impatience, je bus avec avidité.

En replaçant la fiole sur la place, je sentis une résistance s'opposant à mon action.

J'avançai la main pour repousser le corps étranger et rencontrai sous mes doigts le ventre arrondi d'un sac rempli de pièces d'argent.

Ce contact me fit frissonner de la tête

aux pieds. Je me rappelai ce qu'avait dit le juif.

Ayant assez de force encore cependant pour fuir la funeste tentation, je voulus refermer l'armoire, mais ma main fiévreuse, en s'éloignant du sac, lui donna une secousse involontaire, et la toile usée craqua sous les douros qu'elle contenait.

Quelques pièces roulèrent sur la tablette.

Je les ramassai pour les remettre

dans le sac, mais je sentais peu à peu une fièvre terrible s'emparer de mon cerveau et les pensées les plus effroyables s'entre-choquaient dans ma tête brûlante.

Sans pouvoir me rendre compte comment la chose se passa, je sais que bientôt je me trouvai assis devant le bureau de mon père, le sac ouvert sur mes genoux, et les douros glissant en cascades entre mes doigts crispés.

Quatre heures sonnaient à l'église

voisine, et les premières lueurs du jour brillant à travers la fenêtre, vinrent m'arracher à l'espèce d'extase que je subissais.

Quatre heures ! C'était là le terme extrême assigné par don Horacio.

Quelques secondes encore, et il partait pour aller partout publier ma honte.

Il allait avoir le droit de me déshonorer publiquement sans que j'osasse me défendre.

J'étais perdu et je tenais entre mes mains la somme nécessaire pour sauver ma réputation !

Le moment était terrible....

Tout à coup j'entendis des pas de chevaux résonner dans la rue.

Des voix retentirent au dehors, et celle de don Horacio parvint jusqu'à mes oreilles.

« Je savais bien que le pauvre diable ne pourrait payer ! dit-il au moment où il passait devant la porte.

— Vous vous trompez, don Horacio ! m'écriai-je en ouvrant brusquement la fenêtre : voilà votre argent »

Et je lançai le sac, que le juif qui accompagnait Horacio attrapa dans ses mains crochues.

A l'instant où j'accomplissais cette action, je sentis une révolution s'opérer dans tout mon être.

Une sueur abondante mouilla mes cheveux, un tremblement convulsif agita mes membres, un voile épais passa sur mes yeux, il me sembla qu'un cercle de fer étreignait ma tête, qu'une main puissante comprimait ma respiration dans mon gosier : mes yeux se fermèrent, je fis un pas en reculant et je tombai en arrière sans connaissance. »

CHAPITRE HUITIÈME.

VIII

La malédiction.

Arrivé à ce point douloureux de sa narration, à ce souvenir épouvantable qui, ainsi qu'il l'avait dit, devait peser comme un horrible remords sur l'avenir de sa vie, Fernando s'arrêta.

Se levant brusquement pour la seconde fois, il fit encore quelques tours dans la chambre, puis, ouvrant la porte, il s'avança sur le seuil de la chaumière.

La nuit était devenue subitement sombre et froide.

Une pluie fine, chassée par un vent du nord-ouest, détrempait peu à peu la terre.

Fernando, la tête découverte, paru

apporter quelque soulagement à la fièvre que son récit avait allumée dans ses veines en baignant son front brûlant dans les flots de l'air humide et glacé.

Les trois auditeurs demeuraient silencieux, attendant qu'il plût à l'étudiant de reprendre son récit.

Enfin Fernando rentra dans la chambre.

Il paraissait plus calme et sa pâleur seule décelait ce qui se passait en lui.

« Combien de temps demeurai-je

évanoui, reprit-il en revenant s'asseoir près d'Andrès, voilà ce que je ne saurais préciser aujourd'hui. Tout ce que je puis dire, c'est que mon retour à la vie fut accompagné d'une douloureuse sensation physique.

Il me semblait que des tenailles de fer déchirassent mon bras.

J'ouvris les yeux et je rencontrai le regard de don Antonio....

Mon père était penché vers moi !

De sa main droite il m'avait saisi le

bras droit, et de la gauche il tenait un pistolet.

Jamais je ne contemplai d'expression aussi terrifiante que celle qui se peignait sur sa mâle physionomie.

Je crus qu'il allait me tuer sans m'interroger, et, comme je comprenais que j'avais mérité la mort, je ne fis aucune tentative pour échapper au sort qui me menaçait.

« Par où as-tu pénétré chez moi, misérable? me demanda-t-il lorsqu'il me vit en état d'entendre et de comprendre.

— Par la porte du jardin, balbutai-je.

— C'est toi qui as forcé cette armoire ?

— Mon père...

— Réponds !

— Mon père, par pitié...

— Réponds, je te l'ordonne !

— Eh bien ! c'est moi ! Dompté par l'énergie de l'interrogation

Alors, tu as volé ces joues ?

— Oui ! » murmurai-je en me laissant tomber sur un siége.

Mon père leva le bras, je sentis le canon de son pistolet se poser sur mon front, je frissonnai et malgré moi, obéissant à cet instinct de la conservation inné chez l'homme, je me jetai de côté :

Le coup partit et la balle me coupa une boucle de cheveux.

En cet instant, ma mère et ma sœur

accoururent se précipiter entre mon père et moi.

Je n'entreprendrai pas de vous raconter ici la scène épouvantable qui eut lieu alors, je ne le pourrais....

Cris et prières de ma mère, larmes et supplications de ma sœur, rien ne put entraver la légitime fureur de don Antonio.

Il avait saisi un poignard, et deux fois la frêle poitrine d'Inès, s'opposant aux coups qui me menaçaient, empêcha seule mon trépas.

J'étais cloué sur place comme si j'eusse été changé en statue.

Enfin, l'horreur même de cette lutte épuisant sans doute la volonté de mon père, il jeta son arme et, bondissant vers moi, il me saisit et me lança hors de sa maison.

Puis levant sur ma tête ses mains frémissantes :

« Va! s'écria-t-il, et emporte d'ici la

malédiction de ton père! Que Dieu accumule les malheurs sur ta tête et que ta vie sur cette terre soit la punition de tes crimes! Enfant dénaturé, je te maudis! »

Deux cris, deux cris que je croirai toujours entendre, répondirent à l'anathème lancé par don Antonio, et je vis ma mère et ma sœur se précipiter aux genoux de mon père, qui les repoussa avec violence. Puis la porte se referma et je demeurai seul au milieu de la rue déserte.

Saisi alors d'une terreur que je ne puis expliquer que par la suite de cette fièvre qui brûlait mon sang depuis vingt-quatre heures, je me mis à fuir sans direction arrêtée.

Bientôt je gagnai la porte de la ville et je m'élançai dans la campagne.

Me laissant tomber au pied d'un arbre, sur le bord de la route, je demeurai là jusqu'au moment où je fus tiré de ma léthargie par les chants des étudiants qui avaient quitté Villafranca.

En m'apercevant, mes camarades firent éclater leur joie et me comblèrent de félicitations à propos de l'honneur dont j'avais fait preuve en payant don Horacio.

A les entendre, j'étais la gloire de l'Université et j'avais droit à l'admiration de toute la terre.

Ils commençaient leur tour d'Espagne, je devais les accompagner, je me laissai persuader et je me mis en route avec eux.

D'ailleurs, je ne pouvais retourner à Villafranca, je ne savais que faire ; je partis donc.

Nous restâmes longtemps en voyage.

La société cynique, dont j'étais entouré, ne me permit pas de sentir alors toute l'horreur de ma conduite. Puis, j'avais besoin de m'étourdir, et les folies de toutes sortes auxquelles nous nous livrions m'apportaient l'oubli.

Ce fut à Pampelune, en apprenant l'arrêt de mort qui venait de frapper mon père, que le sentiment de ma vie passée me revint.

Depuis l'heure fatale, où je me trouvai en face du cadavre de don Antonio, jusqu'à celle-ci, où je vous fais la confession de mes fautes, le remords n'a pas cessé un instant de torturer mon âme.

J'avais une telle honte de moi-même,

que je n'osais ni retourner auprès de ma mère, ni écrire à ma sœur.

Personne, depuis plus de deux années, n'avait pu me donner de leurs nouvelles et les exigences de la guerre m'avaient empêché de m'en informer.

Cette nuit, continua Fernando en s'adressant à Andrès, lorsque je te reconnus au moment où Mochuelo allait te tuer, il me sembla que Dieu avait enfin pitié de moi en t'envoyant sur ma route, toi, mon ami d'enfance, toi qui, habitant la ville où résidait ma mère et ma sœur, devais mieux que tout autre me donner des renseignements précieux sur les deux êtres qui me sont chers.

Aussi, ne me remercie pas de t'avoir sauvé. J'ai agi sous une influence à laquelle je n'aurais pu me soustraire, lors même que je l'eusse voulu.

Et maintenant, mon bon Andrès, maintenant que tu connais les douleurs et les écarts de mon existence passée, apprends-moi ce que j'ignore, dis-moi ce qui est arrivé après mon départ.

Lorsque tout à l'heure je m'écriai que don Horacio et le juif, cause première de ma perte, étaient d'accord pour me pousser vers l'abîme, tu m'as dit que je ne me trompais pas. Cela était-il donc vrai ?

— Oui, répondit Andrès.

— Ainsi, Horacio et l'usurier avaient combiné le plan qui devait coup sur coup apporter la douleur dans le cœur de mon père ?

— Oui. Je n'ai pas de preuves matérielles, il est vrai, mais cela est ma conviction profonde.

— Mais dans quel but, mon Dieu, agissaient-ils ainsi ?

— Dans le but de servir les projets de don Horacio.

— Quels projets ?

— Des projets d'amour, mon pauvre ami !

— Des projets d'amour? s'écria Fernando, je ne comprends pas. Pour qui donc don Horacio ressentait-il de l'amour?

— Pour ta sœur!

— Pour Inès? dit Fernando en tressaillant.

— Pour Inès! répéta Andrès en courbant la tête.

— Encore une fois, je ne comprends pas. Don Horacio avait-il donc vu déjà ma sœur, avant que je le connusse à Salamanque?

— C'est probable, car je te répète que sa conduite vis-à-vis de toi m'a paru le résultat d'un plan ourdi dans l'ombre. »

Fernando baissa la tête : il essayait évidemment de ramener le calme dans son esprit pour le rendre plus lucide.

« Et cet homme, reprit-il après quelques instants de silence, cet homme dont je n'ai jamais connu que l'appellation patronimique, se nommait Ramero y Puelès?

— Oui, répondit Andrès dont le regard s'était singulièrement assombri depuis le moment où le nom d'Inès avait été de nouveau prononcé.

— Ainsi, c'est lui qui a épousé ma sœur?

— Oui.

— Sans qu'elle l'aimât?

— Elle le détestait.

— Comment se fait-il alors que mon

père ait consenti à cette union? Tu connaissais don Urdova tu sais que sa volonté était toujours inflexible; il adorait Inès, et lui-même avait plus d'une fois, en ma présence, accueilli comme un doux rêve d'avenir le projet de te nommer son gendre...

— Je ne puis douter, dit Andrès, que, dans cette fatale circonstance, des événements impérieux aient enchaîné la volonté de don Urdova, mais ces événements, je les ignore. Les causes qui ont déterminé le mariage de ta sœur sont demeurées jusqu'ici enveloppées sous les voiles d'un impénétrable mystère. Malheureusement pour nous tous, je n'étais pas à Villafranca lorsque tu y revins toi-même. Mon retour au pays natal n'eut lieu que quelques mois après la terrible scène que tu viens de raconter. Don Horacio était déjà le fiancé d'Inès, le jour de l'union était fixé...

— Pauvre ami! murmura Fernando en serrant les mains d'Andrès, sur le visage duquel se lisaient clairement les douloureuses sensations qu'éprouvait son âme. Pauvre ami! Pauvre sœur ! »

Le jeune homme passa ses doigts humides dans ses longs cheveux flottants et laissa retomber lourdement sur la table son bras aux muscles puissants.

« Tu sais si j'aimais Inès ! dit-il enfin. Je l'aime encore et je l'aime sans espoir! La nouvelle de son prochain mariage faillit me tuer sur le coup. Eperdu, je courus chez ton père. Don Urdova me fit refuser sa porte. C'était la première fois qu'il m'était interdit de franchir le seuil de sa demeure. Je crus à quelque calomnie dirigée contre moi, je crus être la victime de quelque odieuse machination, et je résolus de m'expliquer avec Inès elle-même. Demi-fou de douleur et d'amour, j'attendis la nuit avec une horrible impatience, puis, sans me soucier d'être observé ou non, je frappai résolument aux vitres de la fenêtre de ta sœur. Inès m'avait deviné, elle attendait.

Sa main, qu'elle me tendit à travers les grilles du balcon, m'apprit tout d'abord qu'elle me croyait toujours digne d'elle. Mon cœur se sentit soulagé d'un poids immense... Alors je voulus parler, mais elle arrêta d'un geste rapide la parole prête à s'échapper de mes lèvres.

« Andrès, me dit-elle rapidement, c'est la dernière fois que votre main presse la mienne. Ne m'interrogez pas ! Je sais ce que vous allez me demander. Mon ami, il nous faut à tous deux tecourage d'accomplir un sacrifice. Vous, celui de renoncer à moi; moi, celui de me donner à un autre.

— A un autre! m'écriai-je Quoi! c'est donc vrai! vous me repoussez, vous ne m'aimez plus!

— Je vous aime toujours et n'aimerai jamais que vous, je le jure! me répondit-elle gravement.

— Mais alors pourquoi cette union?

— Il le faut!

— Vous n'aimez pas cet homme, cependant?

— Cet homme! répéta-t-elle avec une énergie dont je ne l'eusse pas cru capable; cet homme! je le hais et je le méprise. »

CHAPITRE NEUVIÈME.

IX

Le secret.

Fernando, dominé par l'émotion qu'il ressentait, avait fait un brusque mouvement qui avait interrompu le récit d'Andrès.

« Après, après? » reprit-il en voyant son ami s'arrêter.

Andrès était très-pâle, mais cependant il se contenait et pouvait résister à la violence des souvenirs qu'il évoquait.

Il reprit après un moment de silence :

« Vous haïssez cet homme! m'écriais-je; vous le haïssez, vous le méprisez et cependant vous consentez à devenir sa femme? Mais il y a violence alors ! Inès! il faut résister ! Est-ce votre père qui vous contraint? Je le verrai... je lui dirai...

— Mon père, me répondit-elle en m'interrompant, est plus opposé que moi à ce mariage...

— Votre mère?

— Elle pleure chaque jour sur moi comme sur une fille morte!

— Cependant!...

— Cependant, interrompit Inès, ce mariage doit s'accomplir, et il s'accomplira.

— Mais enfin, qui donc ordonne cette union?... m'écriai-je avec une fureur que je ne pouvais plus parvenir à contenir.

— La voix qui commande le sacrifice, me répondit la pauvre enfant avec une résignation pieuse, est plus puissante que celle de notre amour, que celle de notre bonheur, et il faut lui obéir sans retard et sans faiblesse, car cette voix, Andrès, c'est celle de l'honneur de la famille! Oh! ne m'interrogez pas, poursuivit-elle rapidement en me posant un doigt sur les lèvres, ne m'interrogez plus, mon ami. Ce que je viens de vous dire vous indique que le secret de la cause à laquelle je sacrifie ma vie ne m'appartient pas à moi seule. Il faut donc nous résigner. Cette entrevue est la dernière que nous puisions avoir ensemble. Vous voyez? je suis forte et cependant je souffre, car je vous aime... Si vous m'aimez réellement, vous aurez aussi du courage et dès demain vous quitterez Villafranca...

— Eh bien? demanda Fernando en voyant Andrès suspendre son récit.

— Eh bien... sans comprendre ce que m'avait dit Inès, je devinai qu'elle se sacrifiait, la pauvre enfant, à quelque impérieuse nécessité, car elle m'aimait et se vouait au malheur en épousant don Horacio. Que pouvais-je faire cependant? Sa résolution était inébranlable, je courbai le front sous le coup qui nous frappait tous deux. Elle me parla longuement et je la quittai en lui promettant d'être digne d'elle. Le lendemain je partais pour Madrid avec la résolution de me faire soldat. Comment ai-je vécu depuis ce jour jusqu'à l'heure où tu m'as arraché à la mort, je l'ignore. Je n'entreprendrai pas de te raconter toutes les souffrances que j'ai subies... Non ! Cela serait inutile et ne servirait qu'à torturer de nouveau mon cœur. J'aimais ta sœur, je l'aime encore... tu dois deviner ce qui s'est passé, ce qui se passe en moi. »

Fernando prit une seconde fois les mains de son ami et les pressa dans les siennes.

« Pardonne-moi, lui dit-il, de raviver sans cesse tes douleurs, mais il le faut. Tout à l'heure, lorsque je t'interrogeais à propos du mariage d'Inès avec cet homme dont le nom semble fatalement lié à celui de ma famille, lorsque je te disais que j'étais sans doute encore la cause de ce nouveau malheur, tu ne m'as pas répondu nettement, tu as détourné la tête... Que voulait dire ton silence? Que signifiait ce geste? Parle, Andrès! je t'en conjure! Apprends-moi la vérité tout entière.

— Je t'ai révélé ce que je savais, Fernando, répondit le jeune homme. J'ai souvent supposé, il est vrai, mais je ne sais rien de certain...

— Mais, que supposais-tu?

— Des folies...

— Andrès, insista Fernando avec force, tu crains de m'affliger en me rapportant le fond de tes pensées...

— Fernando !

— Parle ! je t'en supplie...

— Encore une fois je ne sais rien !

— Encore une fois que supposais-tu ? je le veux savoir !

— N'insiste pas, je t'en conjure, dit Andrès dont l'embarras paraissait devenir de plus en plus pénible.

— Si fait ! j'insisterai jusqu'à ce que

tu parles! s'écria l'aide de camp de Zumala-Carregui avec une violence qui décelait toute la fougue de sa volonté.

— Eh bien, donc, fit Andrès en paraissant prendre un parti, lorsqu'en apprenant plus tard par l'un de tes anciens compagnons de Salamanque, que tu avais été lié avec don Ramero, en sachant que ce Ramero était le même que celui auquel se sacrifiait ta sœur, j'ai supposé que la cause première de ce mariage n'était autre que toi-même, et, j'ose te l'avouer maintenant que je suis certain de ton innocence, quand cette pensée me vint à l'esprit je te maudis...

—Tous ceux qui m'ont aimé ont donc souffert par moi ! dit Fernando en laissant retomber sa tête sur sa poitrine. Tu avais raison de me maudire, Andrès, car si tu doutes, je ne saurais douter; et un pressentiment me dit que le crime accompli par moi lors de cette nuit fatale où la malédiction paternelle devait s'abattre sur ma tête, est la cause du malheur d'Inès. »

Un silence suivit ces paroles. Mochuelo et Fabian Christoval, le vieil hôte des deux jeunes gens, n'avaient pris jusqu'alors qu'une part toute passive à la conversation qui avait lieu. Ils avaient écouté avec un intérêt évident.

Le vieillard surtout, son regard rivé pour ainsi dire à la figure expressive de Fernando, suivait avec une attention singulière toutes les impressions qui se reflétaient sur cette mâle et noble physionomie.

Dans un moment même cette attention parut surexcitée à un point extrême : c'était pendant la narration de l'ex-étudiant.

Tout en parlant, Fernando, retroussant la manche de sa veste qui probablement gênait sa main gauche, avait mis son bras à nû.

Sur le haut de l'avant bras, près de l'articulation, une sorte de tatouage rouge se dessinait nettement sur la teinte bronzée des chairs.

En apercevant ce singulier enjolivement, si peu commun en Espagne, Fabian tressaillit et fit un mouvement pour s'élancer vers le jeune homme; mais, s'arrêtant, il se contint et demeura à sa place, reprenant sa contenance calme et impassible.

Quelque chose d'étrange devait cependant se passer dans l'âme du vieillard.

En dépit de ce calme apparent une émotion extraordinaire bouleversait ses traits, mais, placé qu'il était dans l'ombre, cette émotion avait facilement échappé aux deux jeunes gens, trop préoccupés d'ailleurs de leurs mutuelles confidences pour apporter attention à la manière dont les écoutaient Mochuelo et le vieillard.

Cependant lorsque Fernando, s'accusant lui-même, parla de la certitude qu'il avait d'être la cause du malheur de sa jeune sœur, Fabian secoua doucement sa tête espressive à l'auréole argentée.

Tout à coup Fernando, qui paraissait absorbé par les plus sinistres pensées, releva la tête, et saisissant l'épaule d'Andrès qu'il étreignit fortement :

« Tu me trompes encore! dit-il, tu ne me dis pas la vérité entière, tu me caches quelque chose. Il y a dans ton esprit plus qu'une supposition : il y a une conviction profonde!

— Fernando.... balbutia Andrès, je l'affirme....

— Oh! s'écria le jeune homme, tu le vois! tu hésites!... Parle, Andrès, dis-moi tout!... j'aurai la force de tout entendre. Au grand coupable il faut un grand châtiment! Ne crains pas de me l'infliger par tes paroles! Dis-moi la vérité! Tu sais quelque chose, tu connais la cause qui a contraint ma sœur à cette odieuse union? »

Andrès secoua la tête et ne répondit pas.

« Parle donc ! mais parle donc ! » dit Fernando, dont les dents serrées laissaient échapper un sifflement rauque.

Andrès garda le silence.

Fernando s'avança encore vers lui, mais le vieux Fabian, qui venait de s'approcher du jeune homme, s'interposa entre lui et le soldat carliste.

« S'il ne veut pas parler, lui, dit-il d'une voix grave, je parlerai, moi !

— Vous ! s'écria Fernando avec étonnement.

— Oui ! dit le vieillard.

— Vous connaissez la cause secrète du dévouement de ma sœur ?

— Je la connais !

— Vous !.. » fit encore Fernando en reculant d'un pas pour mieux examiner le vieillard.

Fabian soutint sans sourciller ce regard étincelant.

« Moi-même, reprit-il. J'étais à Villafranca lors du mariage de votre sœur....

— Eh bien ! qu'avez-vous appris ? demanda Fernando d'une voix brève.

— J'ai appris que don Urdova sacrifiait sa fille pour se soustraire à une accusation de vol !

— Une accusation de vol dirigée contre mon père ! s'écria Fernando en bondissant vers le vieillard. Vous mentez ! »

Fabian redressa sa haute taille.

« Jeune homme ! dit-il avec une certaine majesté qui seyait bien à son visage, je vous pardonne vos paroles en raison du motif qui excite votre colère, mais sachez que Fabian Christoval n'a jamais menti. Oui, on menaçait votre père d'une accusation déshonorante, et, pour se justifier, il fallait qu'il livrât son fils. »

Fernando baissa la tête.

« L'argent que j'avais jeté à don Horacio !.. balbutia-t-il.

— Cet argent, continua Fabian sans

répondre directement au jeune homme, cet argent avait été confié la veille de votre arrivée à don Urdova : c'était un dépôt d'honneur.

— Et qui l'avait fait ce dépôt?

— Un homme que votre père croyait son ami et qui était vendu corps et âme à don Horacio. Ah! la partie a été bien jouée; tout ce qui est arrivé avait été prévu. Vous avez été épié et suivi pas à pas durant votre séjour à Villafranca. Le juif venu sur l'ordre de don Horacio avait éclairé votre père et provoqué ainsi la première scène que vous avez racontée, et si le hasard ne vous eût guidé la nuit suivante, soyez convaincu qu'une maine habile vous eût dirigé vers le crime. Ce crime accompli, l'ami exigea le remboursement immédiat du dépôt. Don Urdova essaya d'intéresser son créancier qui, lui, ne voulut rien entendre. Il fallait ou payer sur l'heure ou subir les conséquences d'une plainte prête à être déposée entre les mains de l'alcade. C'était le déshonneur, on ne pouvait même y échapper par le suicide. Ce fut alors que survint don Horacio, lequel proposa un infâme marché à la famille : il offrait la somme exigible contre l'engagement formel de lui donner la main d'Inès. Don Horacio était seul en présence de don Urdova, de votre mère et d'Inès. Ce qui se passa entre ces quatre personnages, Dieu et les trois qui survivent le savent seuls. Toujours est-il qu'une heure après, le créancier était payé et la main d'Inès promise. Quelque temps ensuite le mariage était célébré. Don Horacio Ramero amenait sa femme à Madrid, et don Urdova, abandonnant pour n'y plus revenir sa maison et la ville qu'il habitait, se jetait dans le parti du prétendant.

— Et ma mère.... ma mère? demanda Fernando.

— Votre mère demeura seule et elle alla habiter une modeste maison située à quelques lieues de Villafranca, dans le village d'Adrian, dans les montagnes où elle réside encore à l'heure où je vous parle.

— De sorte que ma mère n'a pas revu mon père depuis son départ de Villafranca ?

— Je ne le crois pas.

— Et ma sœur, est-elle allée près d'elle ?

— Jamais ; don Horacio le lui a défendu.

— Pauvre mère ! » murmura Fernando, tandis qu'un sanglot lui montait à la gorge.

Puis, se retournant brusquement vers Andrès :

« Tu savais tout cela ? » dit-il d'une voix sifflante.

Andrès détourna la tête pour ne pas répondre.

« C'est donc vrai ! » murmura Fernando.

Puis revenant à Fabian :

« Mais vous, dit-il, comment savez-vous toutes ces choses ?

— Que vous importe ? répondit le vieillard, pourvu que je dise la vérité. »

Un nouveau silence suivit cet échange de paroles.

« Ainsi, reprit l'aide de camp de Zumala-Carregui, don Horacio aimait ma sœur?

— La senorita était assez belle pour qu'une passion allumée par elle n'eût rien d'extraordinaire, répondit Fabian ;

mais, cependant, je crois qu'en agissant comme il l'a fait, don Horacio obéissait moins à l'amour qu'à un autre sentiment.

— Et ce sentiment, quel était-il ?

— La haine.

— La haine ? répéta Fernando.

— Oui, dit Fabian de sa voix grave.

— Contre qui ?

— Contre votre père et les siens.

— Êtes-vous certain de ce que vous dites-là, vieillard ?

— Je suis certain que depuis vingt-cinq ans une haine mortelle existait entre votre famille et celle des Ramero y Puelès.

— De sorte que don Horacio n'aurait épousé ma sœur que pour la faire souffrir ?

— C'est ma conviction. »

Fernando était devenu plus pâle qu'un linceul. Tout à coup le sang lui monta au visage et empourpra son front.

« Ah ! s'écria-t-il avec une rage sourde, je donnerais la moitié de ce qui me reste à vivre pour être certain que ce que vous dites-là est vrai !

— Pourquoi?

— Quoi! fit le jeune homme en se levant brusquement, vous ne comprenez pas? Si j'ai été le jouet d'infâmes qui ont exploité mes vices, si ma sœur est la victime d'une odieuse machination, je puis relever la tête, car je suis moins coupable, je puis la venger et venger ma famille, je puis enfin espérer un jour le pardon d'Inès et celui de ma mère sur cette terre, et le pardon de mon père devant Dieu!

— Eh bien, espérez, don Fernando Urdova! fit le vieillard en se levant à son tour, car je vous jure, foi d'Espagnol et de chrétien, que la haine seule a été le mobile auquel a obéi Horacio en épousant votre sœur, et don Ramero, son frère, en faisant exécuter votre père dans les fossés de la citadelle de Pampelune.

— Maintenant, dit Fernando, dont les yeux lançaient des éclairs, maintenant, vieillard, vous comprenez que vous nous en avez trop dit. Il me faut la cause de cette haine.

— Cette cause, je l'ignore ; une seule personne au monde pourrait vous en instruire.

— Et cette personne, c'est ?....

— Votre mère. »

Fernando n'insista pas : il était évident qu'il venait d'arrêter tout un plan dans sa tête.

« Combien y a-t-il d'ici à Adrian? demanda-t-il tout à coup.

— Huit lieues dans les montagnes.

— Avez-vous un cheval à me prêter?

— Oui.

— Eh bien, Mochuelo va le seller sur l'heure et préparer celui qui m'a conduit ici. Allons, Andrès, nous allons partir.

— Où allons-nous? fit Andrès en se levant.

— A Adrian, là où est ma mère. Il faut que je vide le calice jusqu'à la lie ; il faut que je connaisse jusqu'au bout les malheurs de ma famille.

— Et.... ensuite?

— Ensuite, Andrès?...»

Fernando fit une pose.

« Ensuite, reprit-il d'une voix stridente qui sifflait dans sa gorge aride, tu m'aideras à arracher ma sœur au sort qu'elle subit, tu m'aideras à la venger et à venger mon père. Il y a un an, j'ai fait, en quittant Pampelune après le meurtre de mon père, un serment terrible. Ce serment, je le renouvelle aujourd'hui et je le tiendrai dans toute son étendue, dussé-je, pour arriver au but, marcher sur une route pavée de cadavres.... Viens, Andrès! A cheval! Au point du jour, nous serons à Adrian. Mochuelo nous servira de guide !

— Et moi, murmura Fabian, à la même heure, je serai près de Zumala-Carregui, et, cette fois, je crois qu'il sera content. Oh! ajouta-t-il, c'est lui, c'est bien lui. Il porte encore au bras la marque que je lui ai faite et que Petriquillo m'a aidé à tracer! »

CHAPITRE DIXIÈME.

X

Le chevrier.

Pittoresquement assis sur le versant sud de la sierra de Andia, à cheval sur les limites des provinces de la Guipuzcoa et de l'Alava, dominant une partie du pays basque, Adrian (le petit village vers lequel se dirigeaient en ce moment Fernando, Andrès et Mochuelo) offre une position stratégique que n'ont jamais négligé d'occuper les principaux chefs d'armées faisant la guerre dans la Navarre ou dans les Asturies.

Lors de l'insurrection en faveur de don Carlos, Adrian avait été un des premiers points, un des principaux foyers d'où s'étaient élancées les étincelles devant embraser la province entière des feux de la guerre civile.

Une compagnie entière d'un régiment royal avait été surprise par tous les habitants du village, et tous les soldats avaient été impitoyablement massacrés.

Puis, tous les hommes valides, hormis ceux nécessaires à la garde des habitations, avaient été rejoindre les guerillas organisées par les chefs de l'"insurrection.

En 1835, l'armée carliste n'était pas

encore assez forte pour laisser garnison dans les principales localités que la prudence lui ordonnait de tenir sous bonne garde.

Adrian, quoique position stratégique, n'était donc nullement en état de défense, mais Zumala-Carregui, se fiant sur l'épuisement de l'armée royale d'une part, et d'une autre sur l'esprit qui animait les provinces du nord, avait pensé, peut-être avec raison, qu'Adrian ne pouvait être menacé de longtemps par les troupes de la régente.

Au reste, ce petit village, contenant à peine deux cents habitants, était tellement enfoui au centre de la sierra, qu'il fallait être du pays pour connaître et pratiquer les routes impossibles qui aboutissaient au plateau sur lequel il dressait ses maisons à l'architecture bizarre.

Et cependant, aux premières heures de cette même nuit, durant laquelle venaient de s'accomplir deux des événements principaux de cette histoire (d'une part, l'arrestation, dans les gorges de Somo-Sierra, par les guerilleros de Cuevillas, du colonel don Horacio y Puelès et d'Inès, la malheureuse sœur de Fernando; de l'autre, la rencontre de l'aide de camp de Zumala-Carregui et d'Andrès, laquelle rencontre avait amené les confidences auxquelles nous avons fait assister le lecteur), aux premières heures de cette même nuit, disons-nous, un fait étrange s'était accompli à une courte distance d'Adrian, et ce fait, s'il eût été connu du général carliste, lui eut certes donné à penser, touchant la sécurité qu'il affectait par rapport à l'état des montagnes.

Voici, en effet, ce qui avait eu lieu.

Vers huit heures et demie du soir, au moment où la nuit, après avoir enseveli sous ses voiles la crête de la sierra, s'abattait rapidement sur les vallées environnantes, un jeune pâtre, habitant d'Adrian, ramenait ses chèvres au village, suivant lentement l'étroit sentier qui conduit d'Alsasna à Mondragon en traversant les gorges de la montagne.

L'enfant, revêtu du costume si original particulier aux provinces basques, portait les culottes courtes, les longues guêtres, le gilet rouge, et le surtout bleu très-large aux plis flottants.

Sa tête brune était coiffée du beiret blanc à houppe rouge, et ses pieds chaussaient les espadrilles des montagnards.

Une ceinture de laine ceignait sa taille, une cape brune était gracieusement drapée sur son épaule gauche.

Tout en marchant et pour charmer les ennuis de la solitude, peut-être aussi pour mieux guider ses chèvres au milieu de l'obscurité naissante, le jeune pâtre jouait d'une sorte de petite flûte qu'un bout de corde attachait à la boutonnière supérieure de son surtout.

Les chèvres avançaient lentement, pressées les unes contre les autres, la tête tournée vers l'étable dont on approchait, et faisaient de quart d'heure en quart d'heure un temps d'arrêt en faveur de quelques-unes de ces prairies magnifiques qui abondent dans la province et font du pays basque la Normandie de l'Espagne.

La lune s'était levée, se dégageant des nuages qui essayaient de voiler sa lumière et éclairait les montagnes.

Bientôt pâtre et troupeau s'engagèrent dans une gorge aride, bordée par un long ravin, cheminant toujours vers le village.

La montée était rude, et le chemin rendu plus difficile encore par les pierres aiguës qui le hérissaient.

Soit que la respiration lui fît défaut par suite de la rapidité de la pente qu'il gravissait, soit qu'il en eût assez des exercices mélodieux auxquels il se livrait depuis près d'une heure, le jeune pâtre laissa retomber sa petite flûte, et ramassant les cailloux qu'il poussait du pied, il s'amusa à les lancer à droite et à gauche à l'aide d'un bâton attaché à sa main droite par une lanière de cuir, et qu'il avait laissé traîner jusqu'alors pour se livrer à sa distraction musicale.

Afin que le lecteur comprenne l'intérêt et l'ardeur que l'enfant mit bientôt à ce nouveau jeu, il faut qu'il connaisse la passion frénétique des Basques pour la paume (la *pelota*, comme ils l'appellent), à laquelle ils sont tous d'une adresse réellement merveilleuse.

A cet égard, le petit pâtre était bien le digne fils de ses pères, car il lançait les pierres, que son bâton attrapait au vol, avec une vigueur et une sûreté de main et de coup d'œil à rendre jaloux les plus renommés paumiers de la province.

La gorge traversée, le pâtre et son troupeau débouchèrent dans une petite plaine enserrée par les montagnes et couverte de buissons dont les têtes ne passaient pas la hauteur d'un homme de taille ordinaire.

A l'extrémité de cette plaine, on distinguait la masse noire formée par les maisons d'Adrian.

Le jeune pâtre lançait toujours ses pierres, les adressant aux branches supérieures des buissons qu'elles courbaient sur leur rapide passage.

Le silence de la nuit était troublé par

le seul pas des chèvres et par la chute des pierres jetées par le jeune homme.

Sur la gauche du chemin s'élevait, à une petite distance, un buisson plus élancé que ses voisins et qui les dominait de ses branches à demi dégarnies.

L'enfant avait deux fois déjà ajusté la plus haute de ces branches, et deux fois, en dépit de son adresse, il avait manqué le but.

Ramassant une pierre plus ronde

que les autres, il la fit sauter en l'air et, rassemblant ses forces, il la fouetta de l'extrémité de son bâton.

La pierre, lancée horizontalement, atteignit cette fois la branche, mais, par suite d'un phénomène que le pâtre ne put s'expliquer, cette branche, quoique flexible, ne s'inclina pas sous l'action du caillou lancé contre elle, et la pierre ricocha en avant avec un bruit sec, comme si elle eût rencontré un obstacle plus puissant et plus dur qu'elle-même.

En même temps, un rayon de lune, glissant sous un voile de vapeurs, fit scintiller à la place de la branche visée un jet brillant, semblable à celui qu'aurait produit la lumière se réflétant sur le canon d'acier d'une carabine.

L'enfant, comprenant instinctivement qu'un danger menaçait lui et son troupeau, brandit son bâton ferré et poussa un cri guttural qui eut pour effet de faire bondir en avant les chèvres effarées.

Mais à peine cet élan avait-il eu lieu, que le troupeau opéra un mouvement brusque en sens inverse.

Il était facile de deviner qu'un obstacle sérieux ou qu'un danger effrayant s'opposait au passage des pauvres animaux.

Le jeune Basque bondit en avant pour détruire l'un ou combattre l'autre, avec ce courage particulier aux montagnards, habitués dès leur âge le plus tendre à lutter avec le péril, mais il n'eut pas le temps d'accomplir son dessein.

Avant qu'il eût pu seulement comprendre ce qui se passait, ses chèvres et lui-même étaient renversés, garrottés et couchés sur la route.

Une centaine d'hommes, revêtus de l'uniforme des soldats royaux, s'étaient élancés des buissons, derrière lesquels ils étaient blottis, et avaient accompli en un clin d'œil la capture du pâtre et celle du troupeau.

Bientôt à ces hommes s'en joignirent d'autres, en même nombre environ, qui s'étaient tenus plus enfoncés dans la plaine.

« Bonne affaire pour les camarades ! dit un soldat en désignant du geste les chèvres amoncelées pêle-mêle les unes sur les autres. Nos compagnies manquaient de vivres frais. Voilà de quoi régaler tout le régiment.

— Et quant à ce petit drôle, ajouta un autre soldat en touchant le petit pâtre avec la crosse de son fusil, quant à ce drôle, une balle dans la tête ou un coup de baïonnette dans le ventre nous débarrassera du soin de le garder.

— C'est facile ! » dit un troisième interlocuteur.

Et faisant tournoyer son fusil, le soldat le saisit des deux mains, la baïonnette suspendue au-dessus de la poitrine de l'enfant.

La physionomie de celui-ci se contracta horriblement et devint fort pâle, tandis que son œil noir lançait un regard de rage et de colère sur le bourreau qui allait froidement accomplir son œuvre de sang.

« Ne tuez pas cet enfant, je le défends! » dit tout à coup une voix forte dont l'accent impétueux décélait le droit de commandement.

Le soldat redressa son arme déjà prête a s'enfoncer dans le corps de la victime et se tourna respectueusement vers son nouvel interlocuteur.

Celui-ci était un homme de haute taille, aux formes nettement accusées, à l'apparence fière et hautaine.

Il portait l'uniforme et les insignes de chef de bataillon du régiment de la reine, garde équivalant à celui de colonel.

Le chapeau d'ordonnance qui abritait sa tête et dont l'ombre se projetait sur le haut du visage augmentait encore l'expression sombre et farouche qui se peignait sur sa physionomie bronzée.

Deux yeux ardents encadrés sous d'épais sourcils flamboyaient de chaque côté d'un nez long et pointu surmontant une bouche dont les contours gracieux et le carmin des lèvres contrastaient singulièrement avec l'ensemble de la figure.

Cet homme, dont l'épée était demeurée au fourreau, fit quelques pas en avant en croisant ses longs bras nerveux sur sa poitrine osseuse.

« Alonzo, fit-il d'une voix brève en s'adressant à un vieux soldat, celui-là même qui avait manifesté son contentement à propos de la capture des chèvres, Alonzo, tu vas prendre avec toi dix hommes et tu mettras en sûreté ce troupeau que la Providence nous a envoyé.

— Faut-il le diriger sur le quartier général, commandant ?

— Non; Valdès doit être en route à l'heure où nous sommes. N'essaye pas de rejoindre l'armée royale, tu pourrais tomber au milieu de l'un de ces partis de révoltés, de carlistes maudits qui pullulent dans les montagnes, comme les ronces sur les chemins. Jette-toi dans les broussailles, sur la gauche d'Adrian. Notre expédition achevée, c'est là que je te retrouverai. »

Et l'officier de la régente désigna du geste la partie de la petite plaine s'étendant à l'ouest du village dont les maisons apparaissaient à un quart de lieue à peine.

Le soldat s'inclina, appela dix de ses camarades, et leur transmettant les ordres qu'il venait de recevoir, il donna l'exemple lui-même en saisissant d'une main une chèvre qu'il chargea sur son épaule, et de l'autre un second animal qu'il se mit en devoir de remorquer à sa suite, en laissant traîner sur le sol l'arrière-train du malheureux quadrupède.

Une corde passée autour du museau de chaque chèvre et solidement serrée empêchait les bêlements de se faire entendre.

En quelques minutes, tout le troupeau fut ainsi transporté, hommes et bêtes disparurent dans les ténèbres et derrière les buissons, et le commandant demeura sur la route, entouré des soldats qui attendaient ses ordres et ayant à ses pieds le jeune pâtre étendu sur la terre.

Sur un geste de l'officier un soldat s'approcha vivement, trancha les liens qui retenaient captif le jeune homme et l'aida brutalement à se remettre sur pied.

Le commandant tira un pistolet de sa ceinture et l'appuya tout armé sur la poitrine du chevrier.

« Je vais t'interroger, lui dit-il froidement, si tu hésites dans tes réponses, je te tue sans autre avertissement. »

L'enfant tremblait de tous ses membres : il était évident qu'il obéirait sans tenter la moindre résistance.

L'officier commença en baissant la voix :

« Tu habites Adrian ?

— Oui, senor.

— Tu connais tout le village ?

— Oui, senor.

— Combien possède-t-il d'habitants ?

— Cent quatre-vingts à deux cents.

— Et sur ces habitants combien d'hommes en état de se battre?

— Environ cinquante.

— Ces cinquante-là sont-ils tous à Adrian.

— Je crois que oui.

— Sont-ils armés ?

— Presque tous ont des fusils.

— Tous doivent dormir à cette heure.

— Oh ! sans doute, senor.

— Bien ! Tu vas nous conduire successivement à la porte de chacun de ces cinquante habitants, mais fais bien attention à ceci : je te tiens par le bras et je suis prêt à te casser la tête ; si tu pousses un cri, si tu fais un geste, tu es mort. Maintenant marchons. »

Et l'officier, étreignant de ses doigts nerveux les bras frêles de l'enfant, le poussa devant lui.

Les soldats, silencieux, se rangèrent d'eux-mêmes sur une double ligne, et, l'œil attentif, l'oreille au guet, le fusil au poing, ils s'avancèrent avec précaution à la suite de leur chef et du jeune guide.

Bientôt on atteignit les premières maisons du village.

A droite était l'habitation d'un fermier, lequel, avec ses deux fils et ses garçons de labour, formaient un ensemble de sept hommes valides.

Le commandant laissa à sa porte trente de ses soldats avec ordre de faire bonne veille et d'attendre pour agir le signal qu'il donnerait.

Ce signal devait être un coup de pistolet tiré par lui au centre du village.

Puis, cette première précaution prise, on continua à s'avancer dans la rue principale.

De distance en distance, sur les indications données par le pâtre, la troupe s'arrêtait, quelques soldats s'en détachaient et demeuraient stationnaires devant la maison désignée.

Bientôt le village fut ainsi intérieurement bloqué, sans qu'aucun des habitants se doutât du danger qui le menaçait.

Çà et là quelques chiens lançaient bien dans l'air un hurlement d'alarme, mais les soldats demeurant immobiles et silencieux, les vigilants gardiens se contentèrent de grogner sourdement et, croyant le péril passé, regagnaient leurs chenils.

Ses soldats postés, le commandant

demeura sur une petite place avec le pâtre et les trente fantassins qui lui restaient.

CHAPITRE ONZIÈME.

IX

XI

La senora Negra.

L'officier s'adressa de nouveau au jeune homme, et cette fois d'un ton plus menaçant encore, tandis qu'il lui appuyait le canon de son arme sur la gorge.

« Puisque tu connais tous les habitants du village, lui dit-il à voix très-basse et de façon à n'être entendu que de lui seul, tu dois connaître également une dame qui séjourne ici depuis longtemps déjà...

— La *senora Negra?* murmura le petit chevrier avec une sorte de terreur, causée évidemment plutôt par le nom qu'il venait de prononcer que par l'action de son interlocuteur.

— La dame noire ? répéta l'officier. Qu'est-ce que cela ?

— C'est la dame noire, répondit le pâtre, la *senora Negra*. On ne lui connaît pas d'autre nom ici.

— Tu en es sûr.

— Oh ! oui, senor.

— Pourquoi l'appelle-t-on ainsi ?

— Parce qu'elle est toujours en noir, senor, qu'une grande mantille noire l'enveloppe des pieds à la tête, et qu'enfin elle ne sort que la nuit.

— Elle ne sort que la nuit! dit vivement l'officier en tressaillant. Mais alors elle n'est donc pas au village à cette heure?

— Si fait, senor.

— Cependant il fait nuit, et d'après les habitudes dont tu parles...

— En ce moment la *senora Negra* est dans sa maison retenue par la maladie...

— Ah! ah! elle est malade? dit l'officier avec un ton singulier.

— Oui, senor.

— Gravement.

— On le dit.

— Alors elle n'est pas seule, elle a des gens autour d'elle?

— Elle est seule et personne n'entre jamais dans sa demeure.

—Comment sais-tu cela ? Parle! réponds nettement et surtout ne cherche pas à me tromper, ou sinon... »

Et un geste suppléa avantageusement à la menace non prononcée.

— Ne me tuez pas, senor, je dis la vérité, s'écria l'enfant avec effroi.

— Tu es donc certain de ce que tu dis ?

— Oui, oui, senor, puisque ce matin même ma mère, qui portait du lait à la senora, a voulu entrer dans sa maison ; mais la senora, qui était cependant étendue sur son lit, a trouvé assez de force pour lui défendre de franchir le seuil de sa porte. Elle lui a ordonné de déposer son lait sur l'appui de la fenêtre et elle l'a ensuite chassée. Tout le monde aux environs vous dira que la *senora Negra* ne veut recevoir personne qu'un vieux prêtre qui vient tous les mois. .

— Ah! fit l'officier que les explications données par le pâtre paraissaient singulièrement intéresser. Ah! il vient un prêtre la voir?

— Oui, senor.

— Et ce prêtre viens tous les mois, dis-tu ?

— Oui, senor.

— Il reste longtemps avec la *senora Negra,* comme tu l'appelles ?

— Toute une journée, et après son départ la senora demeure une semaine sans sortir.

— Sait-on d'où il vient ce prêtre ?

— Il arrive et il s'en va toujours par la route d'Estella, et un muletier, qui l'avait vu ici et qui avait fait une partie du chemin avec lui, a dit qu'il suivait les rives de l'Ebre. »

Le commandant contracta ses épais sourcils et mordit sa longue moustache.

« Dans la direction de Saragosse alors ?

— Oui, senor. Il descendait le fleuve. »

L'officier fit un geste brusque, qu'il était facile de traduire par un mécontentement manifeste.

Il garda le silence durant quelques minutes, puis relevant son front plus sombre encore et plus chargé de nuages :

« Ainsi, répéta-t-il en insistant avec un intérêt marqué sur ce point essentiel, ainsi la senora est seule à cette heure dans sa maison.

— Oui, senor, répondit le jeune homme.

— Et où est-elle située cette maison ?

— En face de vous, senor.

Le chevrier désigna de la main une habitation de pauvre apparence, sorte de masure à demi ruinée, dont la porte close se détachait en noir sur la façade éclairée par un reflet de lune.

« Mais, fit observer l'officier, je ne vois aucune lumière à l'intérieur.

— La senora ne se tient jamais que dans la chambre qui donne sur le jardin, dit le chevrier.

— Ah ! ah ! il y a un jardin attenant à la maison ?

— Oui, senor.

— De sorte que l'on doit pouvoir pénétrer dans cette demeure par ce jardin dont tu parles.

— Sans doute, senor. Il n'y a qu'à franchir la haie et l'on se trouve dans l'enclos.

— Très-bien. Est-ce ce jardin dont

j'aperçois les arbres le long de cette ruelle?

— Précisément, senor.

— Et as-tu d'autres renseignements à me donner sur la senora ?

— Aucun. Je vous ai dit tout ce que je savais.

— Et sur les habitants du village ?

— Rien, senor.

— Réfléchis bien ! »

Le jeune homme fit un geste qui attestait qu'il n'avait rien à ajouter.

L'officier se retourna vers les soldats qui, toujours impassibles, attendaient immobiles et silencieux.

« Pedro ! fit-il. »

Un soldat s'avança vivement. Le commandant lui désigna le pâtre.

Aussitôt le soldat bondit sur l'enfant, le terrassa et lui appuya sa large main sur la bouche pour l'empêcher de crier.

De l'autre main il tira un poignard.

« Va! dit froidement l'officier. »

La lame aiguë étincela sous un rayon lumineux et disparut tout entière dans la poitrine du jeune chevrier.

Le corps du pauvre enfant se raidit dans un mouvement suprême, puis demeura immobile.

Le soldat avait frappé juste. La lame du poignard avait traversé le cœur. La mort avait été instantanée.

« Soldats ! dit le commandant en repoussant du pied le cadavre pour s'approcher de ses subordonnés. Soldats ! souvenez-vous que ce village est carliste, que ses habitants sont les ennemis de la reine et ceux de la régente ! Souvenez-vous que vous avez à venger vos frères assassinés par les habitants d'Adrian ! Le moment est venu, tuez donc sans pitié, hommes, enfants, femmes, vieillards, tuez tout, mais pour agir, attendez mon signal. Un coup de pistolet tiré par moi vous donnera l'ordre de commencer l'attaque. Jusque-là pas un mot, pas un geste qui puisse éveiller l'attention. »

Puis s'adressant à celui qui venait d'accomplir le crime avec un sang-froid effrayant.

« Pedro ! continua-t-il, tu vas parcourir les rues, tu veilleras à ce que chacun soit à son poste et prêt à frapper. Si d'ici à une heure tu avais quelques nouvelles importantes à me transmettre, tu enfoncerais la porte de cette maison et tu me trouverais soit à l'intérieur, soit dans le jardin. C'est bien compris?

— Oui, commandant, répondit le soldat.

Alors l'officier fit un dernier geste pour prendre congé de ses hommes et ramenant autour de sa taille les plis d'un long manteau qui se drapait sur ses épaules, il s'élança dans la ruelle bordée par le jardin de la *senora Negra*, dont le nom, d'après l'effet qu'il avait produit sur le jeune pâtre lorsque l'enfant l'avait prononcé, semblait indiquer une terreur superstitieuse répandue dans le pays à propos de la *dame Noire*.

Au moment où le commandant franchissait lestement la haie servant de clôture, minuit sonnait à l'église du petit village.

C'était précisément à cette heure que

Fernando, accompagné d'Andrès et de Mochuelo, atteignaient le domaine du vieux Fabian Christoval.

CHAPITRE DOUZIEME.

XII

La Dame Noire.

Après avoir franchi la haie, le commandant se trouva dans un jardin de modeste étendue, à l'extrémité gauche duquel se dressait une haute muraille dont la construction devait remonter à plusieurs siècles, s'il fallait se baser sur la couleur sombre des pierres et sur l'état de dégradation dans lequel elle se trouvait.

Sans doute quelqu'un de ces couvents si fréquents en Espagne avait été établi au pied de la Sierra, et le village n'était venu que postérieurement, se groupant autour du monastère.

Sans doute cette muraille dont nous avons parlé avait servi de clôture à l'habitation religieuse, car elle se continuait jusqu'à l'église qui élevait son toit aigu à une courte distance.

Puis, soit résultat du temps, de la guerre civile ou de la guerre avec l'étranger, le couvent avait été abandonné et les paysans s'étaient peu à peu emparés des biens de l'église.

Ce mur, seul vestige du passé qui se dressait fièrement encore, comme un mendiant castillan se drapant dans ses baillons, donnait au jardin un aspect sombre et triste.

Projetant son ombre sur toute l'étendue du petit terrain, il doublait encore l'obscurité déjà profonde de la nuit, car le ciel, devenu tout à coup nuageux, ne permettait plus qu'à de longs intervalles à la clarté des astres de s'étendre jusqu'au fond des gorges de la Sierra.

L'officier demeura un moment immobile, cherchant à s'orienter au milieu des ténèbres qui l'entouraient.

Un léger point lumineux, sorte de lueur douteuse, s'échappant à travers des vitres poudreuses le guida cependant vers la maison.

Cette maison composée d'un seul rez-de-chaussée, s'étendait à l'extrémité opposée à celle où s'élevait la vieille muraille.

Une porte vitrée, deux fenêtres basses l'éclairaient sur le jardin.

Le commandant, marchant lentement et avec précaution, longea la haie et gagna la façade.

Son manteau ramené sur le visage, le cachait à demi et ne laissait apercevoir que le rayonnement de deux yeux fauves qui semblaient briller dans les ténèbres comme ceux des bêtes félines.

Bientôt il atteignit la première fenêtre.

Cette fenêtre se trouvait précisément à la hauteur de sa tête.

S'arrêtant alors, il colla sa figure aux vitres et s'efforça de faire pénétrer à l'intérieur son regard explorateur.

Tout d'abord une couche épaisse de poussière et de fumée intercepta ce regard, mais à force de persistance et en s'accoutumant progressivement à cette clarté douteuse, ses yeux finirent par se rendre compte de l'état dans lequel se trouvait la chambre devant la fenêtre de laquelle l'officier se tenait debout et sans mouvement.

Cette chambre, sorte de parallélogramme allongé, semblait s'étendre dans toute l'étendue de la partie de la maison bâtie sur le jardin.

Meublée ou plutôt *démeublée*, suivant la mode espagnole, elle contenait un lit, une espèce de grand bahut et trois ou quatre siéges rangés symétriquement le long des murailles absolument vierges de tous papiers et de toutes peintures.

Une petite table était placée près du

lit. Sur cette table brillait la clarté projetée par une mauvaise lampe en cuivre dont la mèche, brûlant à l'air, ne devait pas peu contribuer à répandre dans la pièce cette fumée âcre dont les couches successives pouvaient presque se compter sur les vitres des fenêtres et sur celles de la porte.

En face de la table, on voyait un siége encombré d'étoffes noires qu'à leurs formes, on reconnaissait facilement pour composer des vêtements de femme.

Une grossière image de la Vierge était soutenue au-dessus du lit par quatre clous enfoncés dans la muraille.

Les têtes de ces clous étaient rouillées et le bas de cette gravure sainte était déchiré, comme si une main crispée eut essayé de se cramponner à elle pour y trouver un appui.

Au premier coup d'œil, l'officier crut que la chambre était inhabitée, mais un second examen plus attentif lui prouva qu'il s'était trompé.

En effet, une forme humaine se dessinait sous les draps de grosse toile qui re couvraient le lit.

Une femme était là, étendue sur un matelas, immobile et pâle à faire croire qu'elle était morte.

C'était une créature de quarante-cinq à cinquante ans, âge qui, pour une femme des pays méridionaux, équivaut à celui de la vieillesse.

Cette femme avait dû être fort belle, s'il fallait en juger par la pureté des lignes de son visage.

Des cheveux presque blancs tombaient de chaque côté de son front jauni comme celui d'une statue en vieil ivoire.

Sa bouche décolorée et flétrie, aux coins tombants, dénotait la souffrance physique; tandis que ses grands yeux ternis, aux paupières plissées, et bordées d'un cercle rouge, décelaient les larmes qui depuis longtemps devaient ternir leur pupille jadis étincelante.

Des rides nombreuses aux tempes et au col annonçaient l'approche de la décrépitude.

L'un des bras de la femme couchée était étendu sur le lit.

On eût dit que ce bras ne devait pas appartenir au même corps que ce visage dévasté par la douleur ou par la maladie, tant il était admirable de forme.

Une main, véritable main de patricienne, était attachée à ce bras qu'un statuaire eût pris pour modèle, par un poignet d'une ténuité tout aristocratique.

Les doigts effilés de cette main blanche et délicate pressaient un objet dont le commandant ne put distinguer la forme ni la nature.

Mais, ainsi que nous l'avons dit, la femme était immobile et paraissait sans vie.

L'œil était fixe, le visage impassible, le bras inanimé.

L'apparence de la mort était telle, que l'officier crut contempler un cadavre.

« Démons de l'enfer ! murmura-t-il avec une expression de physionomie réellement effrayante. Je suis venu trop tard ! elle est morte !

Et faisant un brusque mouvement, il quitta la fenêtre et s'avança vivement vers la porte.

Soit que le bruit causé par le commandant l'eût tirée de sa léthargie apparente, soit que la femme couchée ne dormît pas, elle tourna lentement la tête au moment où l'officier posait la main sur le loquet de la porte vitrée, de sorte que celui-ci, pénétrant tout à coup dans la chambre, se trouva placé sous le rayon visuel de la malade, tandis que la lumière de la petite lampe éclairait en plein son visage.

Le commandant entra dans la pièce,

referma tranquillement la porte et s'avança lentement vers le lit.

A mesure que cet étrange visiteur faisait un pas vers elle, la femme couchée semblait subir une commotion électrique, qui, redonnant momentanément de la vie à ses membres affaiblis, lui permettait de s'animer par degrés.

Elle se dressa sur son séant.

L'officier, sans dire un mot, prit un siége, le plaça près du lit en face de la petite table, s'installa gravement, posa une jambe sur l'autre, croisa sur ses genoux les pans de son manteau, et saisissant brusquement le bord du sombrero qui lui recouvrait la tête, il jeta sa coiffure militaire sur le pied du lit de la malade.

FIN DU TROISIÈME VOLUME.

Argenteuil.—Imprimerie WORMS et Cie.

EN VENTE

LE ROI DES GUEUX
par PAUL FÉVAL, auteur de : le Bossu, la Louve, l'Homme de Fer, etc., etc.

LE PAYS DES AMOURS
ÉMILIEN PERRIN, aut. de : une Nouvelle Rigolboche, les Coureurs d'Amourettes, l'Ami de ma Femme, les Folies de Jeunesse.

FLEURETTE LA BOUQUETIÈRE
par EUGÈNE SCRIBE, auteur de : les Yeux de ma Tante, le Filleul d'Amadis, etc.

LE SERMENT DES QUATRE VALETS
historique par le vic. PONSON DU TERRAIL, aut. de : les Compagnons de l'Épée, la Belle Provençale, la Cape et l'Épée, etc.

LA HAINE D'UNE FEMME
HENRY DE KOCK, auteur de : Morte et Vivante. le Médecin des Voleurs, les Femmes honnêtes, Brin d'Amour, etc., etc.

LES GANDINS
comte PONSON DU TERRAIL, auteur de : la Jeunesse du roi Henri. la Dame au Gant noir, le Diamant du Commandeur, etc.

LES GRANDS DANSEURS DU ROI
CHARLES RABOU, auteur du Cabinet noir, les Frères de la Mort, la Fille Sanglante, le Marquis de Lupiano.

Paris. — Imprimerie de P.-A. BOURDIER et Cⁱᵉ, rue Mazarine, 30.

www.ingramcontent.com/pod-product-compliance
Lightning Source LLC
Chambersburg PA
CBHW060320170426
43202CB00014B/2613